［英］温斯顿·丘吉尔—著　　李国庆等—译

CHURCHILL'S MEMOIRS OF WORLD WAR II

丘吉尔二战回忆录

步步为营

SPM
南方传媒 ｜ 广东人民出版社

·广州·

图书在版编目（CIP）数据

步步为营/（英）温斯顿·丘吉尔著；李国庆等译.
广州：广东人民出版社，2024.8. --（丘吉尔二战回忆
录）. -- ISBN 978-7-218-17978-0

Ⅰ. K835.617=5；K152

中国国家版本馆 CIP 数据核字第 2024550AJ0 号

QIUJI'ER ERZHAN HUIYILU · BUBU WEI YING

丘吉尔二战回忆录·步步为营

［英］温斯顿·丘吉尔 著 李国庆等 译　　　　版权所有　翻印必究

出 版 人：肖风华

责任编辑：范先鋆　宁有余
责任技编：吴彦斌
封面设计：贾　莹

出版发行：广东人民出版社
地　　址：广州市越秀区大沙头四马路 10 号（邮政编码：510199）
电　　话：（020）85716809（总编室）
传　　真：（020）83289585
网　　址：http://www.gdpph.com
印　　刷：三河市人民印务有限公司
开　　本：787 毫米 × 1092 毫米　1/16
印　　张：12.5　字　　数：180 千
版　　次：2024 年 8 月第 1 版
印　　次：2024 年 8 月第 1 次印刷
定　　价：68.00 元

如发现印装质量问题，影响阅读，请与出版社（020-87712513）联系调换。
售书热线：（020）87717307

《丘吉尔二战回忆录》 译者

（排名不分先后）

李国庆	张　跃	栾伟霞	曾钰婷	刘锡赟	张　妮
李楠楠	汤雪梅	赵荣琛	宋燕青	赖宝滢	张建秀
夏伟凡	王　婷	江　霞	王秋瑶	郑丹铭	姜嘉颖
郭燕青	胡京华	梁　楹	刘婷玉	邓辉敏	李丽枚
郭轶凡	郭伊芸	韩　意	李丹丹	晋丹星	周园园
王璓珽					

战争时： 意志坚定
战败时： 顽强不屈
胜利时： 宽容敦厚
和平时： 友好亲善

致　谢

　　对于全力协助我完成前几卷的陆军中将亨利·波纳尔爵士、海军准将艾伦、迪金上校、丹尼斯·凯利先生和伍德先生，我必须再次表达我的谢意。同时，也向不遗余力地审阅原稿并提出建议的众多人士致谢。

　　空军元帅盖伊·加罗德爵士为我提供有关空军方面的资料，在此表示感谢。

　　伊斯梅勋爵以及其他朋友也锲而不舍地给予我帮助。

　　承蒙英王陛下政府准予，我复制了版权归属于英王陛下政府文书局的一些官方文件，特此致谢。遵照英王陛下政府的指示，为保密起见，我改述了本卷①所刊载的某些电文，但并未改变原来的含义或实质。

　　感谢罗斯福财物保管理事会允许我在本卷中引用罗斯福总统的一些电文。还有对那些同意发表其私人信件的人，在此也一并致谢。

---

　　①　原卷名为"收紧包围圈"，现分为《步步为营》《四面楚歌》《德黑兰聚首》《困兽之斗》四册。——编者注

前　言

在上一卷（《陈兵太平洋》《进犯南亚》《攻守易形》《营救非洲》《非洲的胜利》《形势逆转》）中，我阐述了从 1942 年冬至 1943 年春，我军经历关键性的转折，拨开云雾见月明。本卷（《步步为营》《四面楚歌》《德黑兰聚首》《困兽之斗》）则记载了从 1943 年 6 月开始为期一年的战事。我军掌握了制海权，钳制了德国潜艇，空中优势已无人能及。西方盟国拿下西西里，占领意大利，墨索里尼政府倒台，意大利投怀送抱，为我所用。苏联从东面强攻，希特勒所占领的国家已经陷入包围之中，孤立无援。与此同时，日本也被迫陷入守势，无力挽留它的疆土。

目前同盟国面临的危机不是战败而是僵持。他们迫切需要进攻这两大侵略者的国土，从敌人的魔爪下解放饱受压迫的人民。英美两国就这个世界性难题于夏季在魁北克和华盛顿召开会议。11 月，三位核心盟友在德黑兰再次聚首。为了实现共同目标，我们都有赴汤蹈火的决心，但在方法和重心的问题上却莫衷一是，毕竟各国的立场不同。现在我将讲述三国如何在重大问题上达成共识，故事要追溯到罗马的解放和英美联合跨越海峡登陆诺曼底的前夕。

我将沿用在前几卷中使用的叙述方法，仅从英国首相和国防大臣的立场，为历史添砖加瓦，我当时写的指令、电报和备忘录可作为客观有效的依据。有人提议，上述文书的回复也应该附上。但我觉得有必要缩减和精选文字工作，为了体现故事的完整性，最后一卷即将出版，仓促之中未能照顾到各位的高见，我只能在此致以歉意。

书中所述之事已过去七年了，国际关系也已重新洗牌。过去的盟友如今心存芥蒂，新一轮的更浓密的乌云聚拢起来。曾经的敌人却握手言和，甚至称兄道弟。本卷所引电文、备忘录和会议报告中夹带的某些情绪和语句可能会令别国的读者感到不快。我只能提醒他们，这些文件具

1

有历史价值，且当时处于激烈的恶战中。面临生死攸关的时刻，没有人会对敌人好言好语。另一方面，如果美化这些激烈的言辞，就无法呈现真实的历史。时间和真相会治愈一切伤痛。

温斯顿·丘吉尔

于肯特郡，韦斯特勒姆，恰特韦尔庄园

1951 年 9 月 1 日

目录
CONTENTS

第一章

ONE

夺取制海权

地中海重获自由——与德国潜艇决一死战——举足轻重的大西洋之战——召开大西洋护航队会议——在与德国潜艇的关键性战役中获胜——期盼已久的短暂熄火——回顾太平洋战争——争夺新几内亚——助美国一臂之力——日本大势已去——形势的转变

前文中提到，侵略者在欧洲和亚洲都已陷入被动局面。1943年2月的斯大林格勒保卫战是苏联形势的转折点。截至5月，非洲大陆上的所有德国和意大利军队都已被歼灭或俘虏。一年前，美军在珊瑚海和中途岛告捷，成功遏制了日军在太平洋地区扩张的势头。澳大利亚和新西兰也摆脱了被吞并的威胁。至此，轴心国深知英美的进攻计划酝酿已久，欧洲一战在所难免。眼下，美军实力和素质都日益增强，但若无重大转机助阵，西方盟国便无法将希特勒在欧洲的老巢连根拔起，也就无法终结这场战争。"制海权"这一新名词指的是海军和空军联合作战的实力。早在1943年，英美两国的海洋实力（包括海上和海底）就已遥遥领先，但直到今年4月和5月他们才击溃德国潜艇，控制了横跨大西洋的生命线。倘若没有海上实力作保，以解放欧洲为目标的大规模两栖行动就无法按部就班地开展，况且此时欧洲大部分国家还被德国控制着，苏联可能要独自应付希特勒的残存兵力。

地中海方面，德国潜艇已被击溃。我军已经吹响了前往西西里和意大利战场的集合号，目前已经跨海直抵希特勒欧洲老巢的腹背地区。除此以外，地中海也是大英帝国海上交通运输的重要航道。北非的轴心国力量已被肃清，我们的护航队也因此得以开辟直达埃及、印度和澳大利亚的绿色通道，从直布罗陀海峡到苏伊士运河，沿线布满了我方新占领的基地，海军和空军可从这些基地出发，保护航道安全。此前，我们被迫绕道好望角，浪费了大量时间和精力，这种情况将很快得到改善。届时，运输队前往中东的航程将平均缩短四十五天，大大提高我们的航海运输能力。

* * *

前文已叙述了英国在战争爆发的前两年半时间内如何势单力薄地对抗德国潜艇、磁性水雷和海上袭击舰。日本偷袭珍珠港，美国与我们同仇敌忾，终于组成了期盼已久的同盟，可起初却似乎加剧了我们在海上的损失。数据显示，我们在1940年损失了四百万吨位的商船。1941年，这一数字持续攀升。1942年与美国联盟后，盟国船舶数量见长，但被击沉的船只吨位却已增长到了八百万。1942年年底，德国潜艇击沉船只的速度已超越盟军造船的速度。我们所有的希望和计划都只能寄托于美国庞大的造船计划。1943年年初，局面有所好转，造船数量飙升，损失逐渐减少，到年底时，新船数量终于超过各种原因造成的海上船只损失。同年第二个季度中，德国潜艇的损失率首次超过了它的补充速度。假以时日，在大西洋被击毁的德国潜艇数量将比我军损失的商船多。要实现这一愿景，我们还要经历艰苦卓绝的斗争。

* * *

大西洋战争在整个战争中扮演着举足轻重的角色。我们时刻谨记，大西洋战争的结果决定了其他地区的战局发展，不管是陆战、海战还是空战。我们在千头万绪之中，忐忑地观察着大西洋瞬息万变的战局。人们终日在极度烦闷、沮丧，或随时可能丧命的境况下艰辛地劳作，只有一些意外的小插曲或戏剧性的事件才能使他们精神为之一振。然而，反潜艇战队的海军和空军人员却很难有机会摆脱这种日复一日平淡无奇的生活，即使在风平浪静的日子，他们也要始终保持警惕。危机随时会闪现，或创造奇迹，或生灵涂炭。不少丰功伟绩都已载入史册，但更多殉难者的英勇事迹却无法被后人知道。在战胜德国潜艇的战斗中，我军的船员英勇顽强、团结一致、誓死抗敌。

*　　*　　*

我们对内部作战指挥进行了重要调整。首先是 1942 年 10 月重新召回海军上将安德鲁·坎宁安爵士，他曾以海军代表团团长身份常驻华盛顿，此次负责统领英美海上盟军执行"火炬"行动。其次派遣利物浦西部反潜司令部（德比大厦）的帕西·诺布尔爵士前往华盛顿，他自 1941 年年初就出任大西洋战役的统帅，对德国潜艇了如指掌。他在利物浦的职务则由海军上将马克斯·霍顿爵士接任，霍顿以前在指挥英国潜艇时，曾表现出非凡的才能。另外，1943 年 2 月任命空军中将斯莱塞为空军海防总队总司令。结果显示，这些调整都是明智之举。

卡萨布兰卡会议将打败德国潜艇定为我们的首要目标。1943 年 3 月，海军上将金恩在华盛顿主持召开大西洋护航会议，旨在联合各方力量进行大西洋作战。这并不意味着统一发号施令。英美双方在各个层面都紧密合作，在最高领导决策上也保持一致。然而，两国处理问题的方法却大相径庭。英国设有空军海防总队，不管是英国还是大西洋中需要支援的一方，都由一个单独的司令部指挥空中行动。这种做法体现了高度的灵活性。空军编队可以在平静区和危险区之间快速切换，司令部也能经常从美国获得大量增援。而美国则是通过一些独立的附属司令部指挥作战。这些司令部被称为"海上防区"，都配备了一定数量的飞机。

*　　*　　*

冬季暴风肆虐，我军护航舰损失较重，所幸遏制住了德国舰艇的袭击。1943 年 2 月，风暴过后，北大西洋的敌军力量疯长，尽管此前遭受重创，但德国海军上将邓尼茨所掌握的作战潜艇数量仍上升至二百一十二艘。3月间，在海上不时出没的德国潜艇已有一百多艘，因此，我们以往通过机智地规划航路来摆脱敌军追踪的做法不再奏效，只能通过护航队自带的海空联合军力来解决了。仅当月，世界各地就有近七十万吨的船只被德国潜艇击沉。

重压之下，我们在华盛顿签署了一项新的协议，决定由英国和加拿大全权负责护送沿北大西洋航线至英国的护航舰队。与德国潜艇的决战以我军胜利而告终，决战指挥权归属于两个联合海陆总部。两个总部分别位于英国的利物浦和加拿大的哈利法克斯港，各由两国的海军上将统领。由此，北大西洋的海上安全就由英加两国舰队来维护，美国只需专注于保护驶往地中海的护航队和他们自己的军队运输。英、加、美三国的空军力量均按照两个联合指挥部每日发出的日常指令行事。

纽芬兰和冰岛基地的远程"解放者"空军中队成功填补了格陵兰东南面北大西洋上空的空白，不再让敌人有机可乘。4月份，战机日间沿着整条航线穿梭飞行，实现昼间掩护。德国潜艇被迫潜伏，不见天日。另外，空中和地面商船护航队负责解决袭击舰。除了执行所有护航行动，我们还有余力组成独立小舰队，像装甲部队一样独立作战。这是我期盼已久的一幕。

*　　*　　*

前文曾叙述过，轰炸司令部勉为其难地将"硫化氢"盲目轰炸器移交给空军海防总队。而此时，它却发挥了举足轻重的作用。德国敌军能够识别我们早期使用的雷达长波，因此，我们的战斗机总是"出师未捷身先死"。而后我们发明了一种新的短波，德国耗费了几个月才破解。希特勒痛斥说这项发明粉碎了德国潜艇作战计划，当然这是言过其实的说法。

然而，英美在比斯开湾展开的空中攻势很快就让途经的德国舰艇

胆战心惊。由于我方战斗机发射的导弹杀伤力太大，于是敌军调整策略，让众多潜艇同时浮出水面，光天化日之下迎战我方空军，这种孤注一掷的反击以失败告终。1943 年 3 月和 4 月，二十七艘德国潜艇葬身于大西洋，其中一半是被我方空军击毁的。

1943 年 4 月，敌我力量悬殊。投入战斗的德国潜艇数量为二百三十五艘，达到历史新高，但敌军士兵已失去了安全感，军心不稳。即使在他们占上风的时候，也无法直击我军要害。这个月，我军在大西洋被击沉的船只的吨位几乎减少了三十万吨。仅在 5 月就有四十艘德国潜艇在大西洋被击毁，德国海军部神经紧绷地紧盯着他们的报表。月底，海军上将邓尼茨下令撤回残存的潜艇部队，安排它们稍作休整或去相对安全的水域作战。1943 年 6 月，我军损毁的船只数量达到美国参战以来历史最低。运输船队毫发无损地行进，大西洋供应线也风平浪静。

以下数据显示在这关键的几个月中双方的角力情况：

大西洋沉没潜艇数量

1943 年	沉没的盟国船舶（吨）		沉没的德国潜艇（艘）				
	被潜艇击沉	由于各种原因沉没	被海军击沉	被空军击沉	被海空力量联合击沉	其他原因	总计
3 月	514744	538695	4	7	——	1	12
4 月	241687	252533	6	8	1	——	15
5 月	199409	205598	12	18	7	3	40
6 月	21759	28269	6	9	2	——	17

*　　*　　*

战胜德国潜艇决定了接下来所有事件的走向。空军武器终于充分发挥了它的作用。英美两国不再是以单纯的海军作战或海上空军作战观点来考虑问题，而是双方的海空两个军种在庞大的海事机构内相互配合，取长补短。为了取得胜利，我们必须具备娴熟和果敢的领导才能，在各个层级都配备最高水准的训练和技术效能。

1943 年 6 月，德国潜艇舰队遭受重创，残存力量熄火，停止进攻来往北大西洋的商船队，我们也得以喘息，军心大快。那时敌军力量分布在南大西洋和印度洋的广阔海域，我军防守力量薄弱，不过暴露的目标也较少。我军在比斯开湾对德国潜艇展开的空中攻势愈发猛烈。7 月份，三十七艘德国潜艇葬身于大西洋，其中三十一艘被空军击毁，其中有近一半是在比斯开湾被击沉的。在 1943 年的最后三个月，我军遭到损毁的商船数量只有四十七艘，而被击沉的德国潜艇却达五十三艘。

秋季风暴肆虐，在此期间，德国潜艇试图夺回它在北大西洋的优势，但以失败告终。此时，我们的海空联防力量已经相当强大，在每一次角力中都力挫敌军，令他们损失惨重。在对抗德国潜艇的战事中，空中武器与水面舰艇并驾齐驱。我军护送商船的队伍规模庞大，气势逼人，为护航航空母舰提供短程和远程的空中保护和增援。不仅如此，我们已经能够追踪敌军潜艇，一旦发现，立即将其歼灭。护航队由航空母舰和护航舰联合组成，又得到空军海防总队的远程飞机和美国空军中队的协助，这在战斗中起了决定性作用。英国皇家海军最杰出的潜艇歼灭专家沃克上校亲自指挥这支护航队，在一次巡航中一举摧毁了六艘潜艇。

就在此时，所谓的商务航空母舰问世。这个概念源自英国，即在不同的商船或油船上安装飞机起降的甲板，便于海上作战。如此一来，商船既保留了它的商用性，同时又增加了防御性，以此保护整个商船队。这样的商船总共有十九艘，其中两艘悬挂荷兰国旗，在北大西洋范围内活动。与此同时，另外一种弹射飞机商船也投入使用，它采取的是截然不同的技术。这两种商船的运用标志着海上战役进入了一个新阶段。目前运输商船不仅能在遭到袭击时进行防卫，还具备了进攻能力。战斗舰和非战斗舰的界限本就较为模糊，现在几乎不存在了。

美国庞大的战时设备生产已经达到峰值。远程飞机和各种类型的

船只，包括我们的护卫舰，都在美国造船厂和飞机厂中整装待发。这其中的许多产品和特殊设备，尤其是雷达，将应用于我国的工业发展，另外一部分则将在美国的海空作战中派上用场。

尽管敌军节节败退，但德国海军上将邓尼茨仍能保持海上潜艇数量如初，不过对方攻势开始减弱，很难再突破我军的防线。然而，他并不灰心。1944 年 1 月 20 日，他说："敌军在防御方面已取得优势，但总有一天，我要让丘吉尔见识见识一流的潜艇战。1943 年的挫败并没有毁灭我们的潜艇，反而促使我们将这一武器改良增强。1944 年将成为我们迎接胜利的一年，尽管困难重重，但我们有信心采用新的海上武器切断英国的供应线。"

这种自信并不是毫无由来的。1944 年年初，德国潜心研发出一种新型潜艇，它能在水下快速移动，具备更强的续航能力。同时，许多旧式的潜艇已撤回德国，重新装置通气管，以便在英国海域更有效地作战。有了这种新的设备，德国潜艇即使是充电时也不必探出水面，仅仅通过一根隐蔽的通气管便能吸入海面上的空气。这种新装置更方便潜艇逃避空中侦察。我们可以清楚地预见，一旦盟军发动进攻，配备了通气管的新式潜艇就将开始滋扰英吉利海峡。

*　　*　　*

在此，我们必须回顾一下 1942 年远东战场上的一些战役，其规模宏大，令人惊心动魄，其战果影响深远，改变了战局走向。

英国海军主要在大西洋和地中海战场作战，因此对日作战的艰巨任务几乎全部落在美军身上。在印度与美国西海岸之间的浩瀚海域，我军除了派出薄弱的澳大利亚和新西兰海军支援美国，别无他法。东方舰队那时早已抽调一空，驻扎在东非，仅足以保卫本国的商船。然而，太平洋的局势却发生了逆转。美方重建了海上优势，日本人正努力巩固他们在印度东部的领地，无暇在印度洋分一杯羹。1942 年夏天发生在珊瑚海和中途岛的战役引发了太平洋上的一系列事件。首先是尼米兹上将把总部驻扎在珍珠港，从而控制了太平洋的北部、中部和南部。此外，麦克阿瑟将军于1942年3月从菲律宾抵达澳大利亚，在太平洋西南面发号施令，掌控的海域包括菲律宾群岛、俾斯麦群岛、新几内亚、澳大利亚整个东部沿海一带以及所罗门群岛等。

日本皇家海军对太平洋中部的战败耿耿于怀，于是再次向西南方向转移。日军思量此处远离美军主力部队，因此有望突破美军防线，进一步扩展版图。珊瑚海之败历历在目，日军吸取教训，向新几内亚的莫尔斯比港发起进攻，却遭遇挫败。于是，敌军决心穿越欧文斯坦利山脉，发动陆地进攻。自此，争夺战在新几内亚拉开序幕。同时，日本还想拿下所罗门群岛。他们已经攻占了一个名为图拉吉的小岛，并迅速在毗邻的瓜达尔卡纳尔岛屿搭建了空军基地。莫尔斯比港和瓜达尔卡纳尔岛已成为日本的囊中之物。此外，他们还觊觎珊瑚海，企图将它据为己有，便可接壤澳大利亚东北部。瓜达尔卡纳尔岛成为日本的中转站，由此日军飞行员可迅速飞抵美国与新西兰之间那些极为偏僻的岛屿群落。美国与澳大利亚军队在反击这两次进攻的过程中英勇善战，依靠海军力量展开海上力量联合作战，值得称赞。

所罗门群岛成为美日双方争夺的军事要地。美国海军作战司令金恩上将进攻岛屿的计划酝酿已久。1942年7月4日，空中侦察显示日军已经着手在瓜达尔卡纳尔岛修建飞机场。金恩上将的部署还未完善，负责指挥南太平洋的海军上将戈姆利就于8月7日派出已到达新西兰的海军陆战师进攻瓜达尔卡纳尔岛，日本措手不及，只能将尚未竣工的空军基地拱手相让。瓜达尔卡纳尔岛战役就此打响，持续了六个月之久。

*　　*　　*

日本人如果从位于加罗林群岛和拉包尔的主力舰队基地发动攻势，将在这些海域占有极大的海空力量优势。驻扎拉包尔的日军指挥官立即派出一支由巡洋舰和驱逐舰组成的精英舰队前往瓜达尔卡纳尔岛。8

月9日那天清晨，日军在狂风暴雨的掩护下突袭守卫码头附近海域的盟国海军，几乎将盟军全线歼灭。四十分钟内，日军击沉了三艘美国重型巡航舰和澳大利亚"堪培拉"号巡洋舰，而他们自己的损失则微乎其微。倘若日军上将乘胜追击，将横扫至海峡东面，冲击那些正在卸载军队和货物的美国运输舰队。然而，日军却就此见好就收，错失良机。

遭遇日本突袭的美国指挥官无法支援登陆，他完成了所有卸载任务之后就撤退了，将一万七千名海军置身于没有空中掩护的敌占岛屿的海岸上，让他们独自备战敌军强有力的陆地进攻。在这个危急的时刻，美国海军陆战队员展现了英勇无畏的精神。尽管不断遭受空袭，他们还是守住并巩固了阵地，还开辟了一条临时的海上供应线，此前占有的机场也派上了用场。这样一来，由海军陆战队员驾驶的战斗机和俯冲轰炸机就能够从瓜达尔卡纳尔岛本土出动，为我军提供即时支援。

日本人决意要在海上一战高下。8月24日，双方在所罗门群岛北面开火，打了个平手。敌军驶往瓜达尔卡纳尔岛的运输舰队遭到我军空袭，溃败而逃。8月31日，美国航空母舰"萨拉托加"号被一艘潜艇击毁，两周后，威震地中海的英国航空母舰"黄蜂"号被敌军击沉。敌我双方都在积攒实力。10月初，在另一次夜战中，我军力挫日军巡航舰队，并将其中一艘击沉。但随后，敌方两艘战列舰轰炸了飞机场，并一举登陆了四千五百名增援部队人员。另一场危机即将上演。

*　　　*　　　*

尼米兹海军上将和麦克阿瑟将军提议削减欧洲行动的兵力，主攻太平洋战场，这也合乎情理。他们的主张得到驻华盛顿的金恩上将大力支持。但西北非（"火炬"行动）进攻刻不容缓，一切行动必须服从于作战总部署。敌我双方在陆地打得不可开交。1942年10月19日开始，连续十天，海军陆战队在丛林作战中坚守我军所有阵地，将日本人打得动弹不得。另外一次舰艇行动发生在所罗门群岛北面，主要由双方的舰载机交战，"大黄蜂"号代替"黄蜂"号航空母舰出战，无奈被击沉。美国航空母舰"企业"号和战列舰"南达科他"号受创，日军两艘航空母舰也丧失了战斗力。

海军上将哈尔西接替海军上将戈姆利之位后，发现麾下并无航空母舰，于是向海军上将尼米兹请求调度至少一艘英国航母。尽管我们对美军的太平洋部署不甚了解，但也意识到所罗门群岛战事千钧一发。显然，我们无法在短短几周内派出航母支援盟军。虽然我热切希望能伸出援助之手，但此时英美联军正在西北非登陆，我军为海军主力部队，所以无法即刻做出调度预案。直到12月，"火炬"行动才告一段落，情势不那么紧迫了，我才致电罗斯福总统，详述我军航空母舰的情况，尽我所能地做出妥善安排。

前海军人员致罗斯福总统：

自接到美方关于调度航空母舰支援太平洋舰队的请求，我们就开始切实地寻求解决方案。我军仅有几艘这样的重要装备，目前均已派遣至指定的危险水域执行"火炬"行动，只有了解它们目前所处的境况，才能做出决策。"火炬"行动的危险并未消除，虽然我们建立了以海岸为基地的飞行队，一时也无法抽调正在执行"火炬"行动的两艘航母。但我军也深知美军急需航母增援太平洋战场，所以我们准备铤而走险，商议如何调遣航母助你们一臂之力。

目前我军航母实力包含四艘续航能力强大的装甲舰航空母舰。首先，我们准备从东方舰队中抽出"光辉"号，然后把"独角兽"号和一艘辅助航空母舰配备给萨默维尔海军上将。同时，我们还准备将"胜利"号从本土舰队撤回。若你们能派遣（美方的）"突击者"号（一艘小型航空母舰）来支援我军本土作战，我们便可将"胜利"号和"光辉"号交到你们手中。考虑到大西洋是航海要道，支援苏联北部商运也刻不容缓，年底我们可能会推出"齐柏林伯爵"号。但就目前"无畏"号和"可畏"号的情况来说，我们还是需要"突击者"号在支援本土的前提下才能借出"胜利"号和"光辉"号。

如果条件允许，我更乐意派出两艘航母支援你们，这样不仅可以增强你们的战斗力，两艘航母也可进行必要的协同作战。因为每艘航母所配备的飞机数量不足，无法进行独立作战，我提议派出利斯特上将指挥作战，你部下的许多军官都认识他。两艘航母将于12月底抵达珍珠港，届时将补充飞机数量。如果你们接受这种调动，庞德会与金恩商谈具体细节。

1942 年 12 月 2 日

可惜金恩上将不愿割舍"突击者"号，所以我们只能派出"胜利"号。12 月它已经离开本土舰队，出发前往珍珠港。

*   *   *

与此同时，11 月间所罗门群岛周边发生了一系列海战和空战，双方都损失惨重。回顾起来，这些战事都具有决定性的意义。11 月 13 日夜里，美国两艘巡洋舰和四艘驱逐舰在激烈的厮杀中被击毁，两位美国海军上将也阵亡。日军方面，一艘战列舰和两艘驱逐舰被击沉。此时，十一艘配备了强大增援部队的日军商船正开往瓜达尔卡纳尔岛。在接下来连续三十六小时不间歇的枪林弹雨中，美军歼灭了对方一艘战列舰、一艘巡洋舰和三艘驱逐舰。最值得一提的是，七艘载满军队的日本商船葬身于海底，而美军只损失了一艘驱逐舰。至此，日军已经对此次冒险行动丧失了信心。源源不断的美国增援部队陆续到位，终于光荣地将海军从水深火热之中解救出来。战斗仍在进行，但敌军不再抱有必胜的信心。1943 年 1 月 4 日，位于东京的帝国大本营命令日军撤出瓜达尔卡纳尔岛，其间并无重大伤亡。2 月 9 日，哈尔西海军上将终于发出声明：瓜达尔卡纳尔岛已被我军占领。

　　这段插曲标志着日军大势已去。在六场主要的海战和众多小规模的遭遇战中，美军痛失两艘航空母舰、七艘巡洋舰和十四艘驱逐舰，此外，澳大利亚巡洋舰"堪培拉"号也未幸免于难。日军方面则损失了一艘航空母舰、两艘战列舰、四艘巡洋舰和十一艘驱逐舰。双方海陆空三方面皆伤亡惨重。我曾经读过一位美国目击者对这场战役的叙述，言辞令人动容："对于我们这些身临其境的人，瓜达尔卡纳尔岛不只是一个地名，更是一种情感，唤起我们对这场战争的回忆：空中的殊死搏斗，夜里的海上激战，为基地的供给和建筑工事做出疯狂的努力，在潮湿的丛林里赤手空拳地搏斗，还有被凄厉的炸弹声和震耳欲聋的军舰炮轰声划破的黑夜。这段故事，值得共和国人民世代传颂。"

＊　　　＊　　　＊

　　新几内亚的战局也得以扭转。1942 年 7 月 22 日，日军从北海岸出发，经由陆路挺进莫尔斯比港，驻守该港的是从中东调回的澳大利亚第七师。欧文斯坦利山脉高达一万三千英尺，构成新几内亚陆地脊梁。一条小径横贯山脉的各个隘口和原始丛林，澳大利亚的一个独立民兵营穿行其中，进行了顽强的阻击战。双方激战至 9 月的第二周，日军派遣的五个营才逼近莫尔斯比港。但在依米塔山脊，敌军已经寸步难行。

　　与此同时，两千名日本海军队员从海上登陆。米尔恩湾坐落在这个巨大的岛屿的最南端，日军企图于 8 月 26 日抢占米尔恩湾周边的三条正在修建的飞机跑道。经过两周的沿海激战，过半数入侵者已阵亡，其余的溃败而逃。因此日军在新几内亚被迫陷入守势。日军盘算着一举拿下新几内亚和瓜达尔卡纳尔岛，到头来鸡飞蛋打。现在，澳大利亚地面部队和空军步步紧逼，他们唯有沿着山道撤退，沿途受尽了病痛和饥饿的折磨。美澳空军力量实力见长。美国第三十二师已飞抵当地。日军运载增援部队的运输舰遭受巨大的损失。一万名战士背水一战，誓死守住布纳的最后一道防线。双方对峙到 1943 年 1 月的第三周，日军的负隅顽抗终究被瓦解了，仅剩几百名幸存者，超过一万五千名的日本士兵丧生，或死于枪杀，或死于饥饿、疾病。到了 2 月，新几内亚的东南部和瓜达尔卡纳尔岛已完全被盟军所掌握。在十艘日本战列舰的护卫下，一支由十二艘运输舰组成的日军护航队开往莱城，准备增援他们的重要前哨部队，却在俾斯麦海被盟军盯上，于 3 月 2 日和 3 日遭遇空袭，全军覆没，运载着约一万五千名士兵的所有日本商船和护卫舰都被炸毁了。

*   *   *

到了 1943 年 6 月，当本卷叙述开始时，太平洋的前景已经一片光明。日军最后一次猛攻也被击退了，敌人已经四面楚歌。日军必须付出高昂的代价增援它们目前在新几内亚占据的阵地，尤其是对萨拉马瓦和莱城驻军的增援，以及沿海岸线修建一系列供增援之用的飞机场，这些都令日军倍感压力。美国向菲律宾挺进的计划逐渐明朗。麦克阿瑟将军沿着新几内亚的北海岸往西部开进，哈尔西海军上将则沿着所罗门群岛的路线逼近拉包尔，这一切印证了美国的力量正在日益壮大。珍珠港事件已经过去十八个月，这期间发生的一切令日本统治者认清事实，重新审视敌我力量的差距。

第二章
TWO
攻克西西里岛

备战西西里——亚历山大将军的最后方案——我军攻下班泰雷利亚岛——空军损失惨重——海上登陆成功——英美军队稳步前进——下一步战略部署——艾森豪威尔宣布进攻意大利——英美联合参谋长共商计谋——巴顿将军机智进军——三十八天解放西西里岛

1943 年 1 月，卡萨布兰卡会议召开，会议决定在占领突尼斯后进攻西西里岛。这项代号为"哈斯基"的宏伟计划此时出现了新的棘手的问题。"火炬"行动在实施过程中，意外遭到敌方的顽强抵抗，人强马壮的意大利军队可能会为保卫自己的家园浴血奋战，同时还会得到德国地面和空军力量的无条件增援。不仅如此，意大利舰队目前拥有的六艘精锐现代化战列舰，应该也会投入到战斗中来。

艾森豪威尔将军认为不应该攻打西西里岛，因为我军真正的目的是攻进意大利，而不是在地中海沿线清除异己。他建议我们首战应瞄准撒丁岛和科西嘉岛，"因为这些岛屿坐落于意大利长筒靴形半岛的侧面，一旦交战，将有利于分散意大利境内的兵力，而西西里岛则位于半岛的趾形山区对面，一旦遭到侵犯，敌军将快速集结。"这无疑是一个最权威的军事意见，尽管我并不赞同。但各种政治力量也发挥了它们的作用，于是最终决定攻打西西里岛，直取意大利，因为这样做效果立竿见影，也有更深远的战略意义。

攻打西西里岛是此次任务中的重中之重。尽管不如诺曼底事件声势浩大，但它的重要性和艰巨性都应该得到足够重视。此次登陆借鉴了"火炬"行动的经验，后来策划"霸王"行动的人员也从"哈斯基"作战计划中受益良多。我军首战出动近三千艘船只和升降机，运

载十六万士兵、一万四千辆机动车、六百辆坦克和一千八百门大炮。这些部队必须从广泛分布在地中海、英国和美国的基地集结、训练和装备，最后与两栖作战的全部庞大辎重一并运赴前线。驻扎于不同总部的下级指挥官们相隔千里，他们各自制订详细的计划，然后由位于阿尔及尔的最高统帅汇总。指挥官中有一个专门的盟军参谋部在监控和协调各种准备事项。随着计划慢慢成形，各种问题也会凸显出来，联合参谋长委员会便从中斡旋，化解矛盾。经过商议，最后决定由军舰护送集结好的船队渡过海洋，穿过狭窄的海域，于合适的时候在战区集结。

*　　*　　*

艾森豪威尔将军于2月在总部开始运筹帷幄，现在到排兵布阵的时候了。

两军联盟，通常战略指挥权归属于军力更强的一方。当然，这一惯例也可能因为政治上的考量或者其他战场上的相关作战活动而做出调整，但由实力较雄厚的一方来掌握指挥棒这个原则是合乎情理的。出于政策上的原因，我们过去把西北非战场的指挥权让给美国。起初他们在兵力和影响力上都略胜一筹。"火炬"行动启动几个月后，第八军从沙漠地区凯旋，英国第一集团军在突尼斯建立。此时我军已有十一个师，远超美方的四个师。尽管如此，我依然严格贯彻这个宗旨：即"火炬"作战计划是美国的一次远征，我充分尊重艾森豪威尔将军作为最高指挥官的权威。然而，在实际的操作中，真正指挥作战的是艾森豪威尔将军的副帅亚历山大将军。在这种情形下，我们取得了突尼斯的胜利，在美国公众的认知中，美国才是这场胜利的主导者。

但现在我们已经进入一个新的阶段，目标是攻下西西里岛以及展开后续行动。我们已达成共识，进攻意大利之举应借鉴西西里战役的经验。在年内拿下撒丁岛对美国人来说不够刺激，他们开始对进攻意大利这个更大规模的冒险行动产生了浓厚兴趣。随着新的联合作战逐

渐展开，我认为英国人有必要争取和盟军平起平坐。7月间，双方可支配的军力对比如下：英军八个师，美军六个师。空军方面：美国占比百分之五十五，英国占比百分之四十五。海军方面，英国占比百分之八十。除此以外，中东和地中海东部，包括利比亚，还有大量英军队伍全部听命于驻扎在开罗的英军总部，由梅特兰·威尔逊将军独立指挥。双方实力对比如此均衡，我们提出在指挥权方面与美军享有同等话语权，也不算是过分的要求。我们忠实的战友不仅欣然接受了这一要求，还同意让我们直接指挥作战。第十五集团军群由美国第七集团军和英国第八集团军组成，听命于亚历山大将军。空军上将特德负责指挥盟国的空军，海军上将坎宁安则指挥盟国的海军。海陆空三军则由艾森豪威尔统领。

蒙哥马利将军和他的第八集团军负责英方突击行动，巴顿将军则受命指挥美国第七集团军。海军的行动则由英方的拉姆齐海军上将和美方的休伊特海军上将合作完成。前者曾指挥英军在"火炬"行动中的登陆，后者曾同巴顿将军一起执行卡萨布兰卡的登陆任务。空军方面，听命于特德空军上将的几个主要指挥官包括美国陆军战略航空兵司令斯帕茨将军和科宁厄姆空军中将，布罗德赫斯特空军少将则负责配合第八集团军的行动。布罗德赫斯特空军少将最近刚率领西部沙漠空军立下新的功勋。

司令官和参谋们仍然把重心放在突尼斯的战斗上，因此，最初进攻西西里岛的作战部署和军队调度计划只是一个预案。直到4月份，我们才能明确如何调兵遣将。主要的作战要求是尽早占领港口和机场，确保军队登陆之后能有所作为。巴勒莫、卡塔尼亚和锡腊库扎港口都不错，但最理想的是墨西拿港口，可惜我们心有余而力不足。三组主要的飞机场分别坐落在西西里岛东南面、西面和卡塔尼亚平原。

特德空军上将认为我们必须要缩小进攻的范围，首先攻占位于东南部的飞机场，然后拿下卡塔尼亚和巴勒莫。这就意味着在那之前，我们只有锡腊库扎、奥古斯塔和利卡塔这几个小港口可以利用，空中补给也只能在毫无遮蔽的海滩上完成。庆幸的是，美国的水陆两用车

以及大量的登陆艇使这一切都得以顺利进行。这种登陆艇由英国人于
1940 年设计并改装而成。而后美国人在此基础上更新了设计，在美国
量产，并在西西里岛战役中首度使用。它为我们将来的两栖作战奠定
了基础，同时也常常成为两栖作战的决定因素。

*　　*　　*

　　按照亚历山大将军的最终计划，我军提前轰炸敌人海空部队一周，
以此削弱敌军力量。由蒙哥马利将军指挥的英国第八集团军在木罗·
迪·波尔科角和波扎洛之间的区域进行突袭，一举拿下锡腊库扎和帕
基诺的飞机场。打响头炮之后，第八集团军便与左侧的美军会合，然
后向北迈进，直捣奥古斯塔、卡塔尼亚、杰尔比尼的飞机场。为了掩
护在拉古萨行进的第八集团军侧翼，巴顿带领的美国第七集团军在斯
卡拉米亚角和利卡塔之间的地区登陆，直取利卡塔港和杰拉东面和北
面的一组飞机场。精锐的英美海军部队使用降落伞或滑翔机着陆，翻
越滩头堡，夺取据点，支援登陆。

　　第八集团军由七个师、马耳他要塞的一个步兵旅、两个装甲旅和
若干突击队组成，美国第七集团军旗下有六个师。[①] 敌人安插在西西
里岛的驻防军起初由一位意大利将军管辖，包括两个德国师（其中有
一个是装甲师）、四个意大利步兵师以及意大利海防部队的六个师，海
防部队不堪一击。德国师又被细分成多个战斗组，执行支援盟军及反

① 作战序列：
英国第八集团军，第十三军和第三十军总部。
参加第一次袭击的：加拿大第一师，第五师，第五十师，第五十一师；第一空降师的
一部分，第二三步兵旅，第四和第二十三装甲旅以及三支突击队。
在北非的预备队：第七十八师，第四十六师；第一空降师的其余部队。
美国第七集团军，第二军总部。
参加第一次袭击的：第一师，第三师，第四十五师，第二装甲师；第八十二空降师的
一部分，突击队第一营。
在北非的预备队：第九师，第八十二空降师的其余部队。

突击的任务。敌军误解了我军的作战意图，在该岛的西海岸部署了大量军力。我们的空中优势毋庸置疑：四千多架作战飞机蓄势待发（一百二十一个英国空军中队及一百四十六个美国空军中队），而敌人在西西里岛、撒丁岛、意大利和法国南部最多只能集结一千八百五十架飞机。

因此，若部队集结和登陆都能顺利进行，前景应该是乐观的。然而海军和陆军的分布却过于零散，加拿大第一师从英国直接开赴战场，美军的一个师也从美国开来，只是在途经奥兰时稍作休整。已驻扎在地中海的部队遍布北非全境，登普西将军率领的第十三军也分散在埃及和叙利亚，正在进行集训，他们的船只和登陆艇在相距甚远的各个区域装运货物，一部分在运河区和亚历山大港，其他的则往来于贝鲁特和的黎波里之间的各个小港口。利斯将军手下的第三十军包含以下几个下属部队：驻扎在英国的第一加拿大师、在突尼斯的第五十一师和马耳他岛的第二三一独立旅，所有的部队将首次在战场集结。美国军队同样也星罗棋布，遍布在突尼斯和阿尔及利亚的全境及大西洋彼岸。

下级指挥官和参谋人员必须长途跋涉，飞往战场，视察作战计划和监管部队的训练。但当他们无法亲临现场时，战略策划人员便会倍感压力。英国、地中海和红海各地都开展了水上训练。中东的飞机和其他重要装备仍未就位，目前的数量少得可怜，或者说完全没有。出于对盟友的信任，我们在备战阶段默认这些装备都是合格的，因此并未经过检测就将它们纳入计划。所幸，最后供应部门出色地完成了任务，取得圆满成功。尽管其间我们有诸多忧虑，但计划进行得很顺利。事实证明，这是联合作战的一个杰出的范例。

*　　*　　*

5月20日，希特勒召集凯特尔、隆美尔、外交部长牛赖特等人进行会谈。这次会议和另外几次德国会议的记录原稿皆由宾夕法尼亚大学图书馆收藏。这些秘密记录经由美国人翻译成英文，并由费利克斯·吉尔伯特先生添加了注释。这为讲述二战的故事贡献了珍贵的史料。[1]

希特勒：你当时身处西西里岛吗？

牛赖特：是的，元首大人。我当时就在那儿，并且和罗阿塔将军（驻西西里岛的意大利第六集团军司令）交流了对某些事情的看法。他谈到对西西里岛的防御并无充分把握，他说自己力量薄弱，部队也没有精良的装备。最糟糕的是，他手头上只有一个配备机动装备的师。英国人无时无刻不在想方设法炮轰西西里岛铁路上的机车，因为他们深知一旦交通枢纽被切断，便很难运送材料来修补这些基础设施了，应该说可能性为零。我从约瓦尼穿梭到墨西拿，路途中所见所闻都透露着一个讯息：这短短的旅程中，交通几乎全线瘫痪。我记得过去有六艘渡船，现在却只剩下一艘了。仅有的一艘被当成博物馆陈列品，人们保存它是为了将其派上更大的用场。

希特勒：何为"更大的用场？"

牛赖特：呃，元首大人，有些意大利人说"待战争结束后……"，也有些人说"你永远不知道将来会发生什么"。毫无疑问，德国在西西里岛的军队是不受欢迎的，这很容易理解，因为西西里岛人民认定是我们让战火蔓延到他们的家园，认为我们不仅侵吞了他们所拥有的一切，还把英国人也招惹过来。关于这一点，我必须强调，西西里岛的农民其实根本不在乎英国人要来。在他们看来，这会尽早结束他们的痛苦。意大利南部的人们普遍认为，英国人的到来会尽快终止这场战争，而德国人只会令战事延长。

---

① 发表在费利克斯·吉尔伯特于 1950 年编著的《希特勒指挥他的战争》一书中。

希特勒：意大利政府对这种态度采取了什么行动？

牛赖特：元首大人，据我所知，驻守在当地的官员并没有采取什么措施。每当我提醒他们要注意这个问题，并抱怨德国士兵遭到谩骂时，他们却表示爱莫能助，说这种观念已深入人心。他们说："这就是民意，是你们自己作风不正，总是征用民众的物资，还杀光他们的鸡，所以才导致骂声一片。"尽管如此，我还是觉得官员们可以采取更有效的应对措施，比如严惩某些恶性事件，以儆效尤。

希特勒：他们就不肯采取行动吗？

牛赖特：很困难，他们就是不肯采取行动。西西里人的脾性和意大利北部的人不同，别的也就算了，他们遇到事情听之任之的态度还真是烦人。敌军对西西里造成的空中威胁是非常有震慑力的。

话题随即转移到罗阿塔将军和其他意大利领袖的忠诚度问题，以及墨索里尼日趋艰难的处境。所有的问题堆积在一起，德国元首面临的是一片令人忧心的景象。

*　　*　　*

突尼斯和西西里岛之间的海峡有一个细长的岛屿——班泰雷利亚岛，它是敌人的空军和快速鱼雷艇基地。1941 年 1 月，我们曾计划突击和攻占这个岛屿，但错失了时机。后来，当我军在马耳他岛被敌人围攻，举步维艰时，该岛始终是我们的肉中刺。现在时机成熟了，我们不仅要拿下班泰雷利亚岛，而且要让其为我所用，成为我们的战斗机基地。突尼斯沦陷后，海上和空中的战斗即刻开始。炮击声一直持续到 6 月 8 日，我军要求敌人无条件投降。要求遭到拒绝后，海空两军于 6 月 11 日密集轰炸敌军，掩护新一轮的海军登陆。我们事先对这次行动的规模和危险程度都给予了足够的重视，做足了准备工作，因此一切都进展得很顺利，没有造成人员伤亡。根据海事记载，唯一的伤员，是被骡子咬伤的。我们俘虏了一万一千多名敌军。接下来的两天里，邻近的兰佩杜萨岛和利诺萨岛的敌人也投降了，前者是由于飞机燃油燃尽无奈迫降。至此，西西里岛南面再也没有敌人的前哨阵地了。

*　　*　　*

7月3日，我军对西西里岛进行猛烈的空袭，并炮轰当地以及撒丁岛的机场，致使许多机场陷入瘫痪。敌方战斗机被迫采取守势，将远程轰炸机从基地撤回意大利本土，来往于墨西拿海峡的五艘火车渡轮也有四艘被击沉。当我军护航队逼近西西里岛时，我们已牢牢掌握制空权。轴心国军舰和飞机并没有奋力阻挠来自海上的进攻。因为我们采取了声东击西的战术，所以直到最后一刻，敌人仍不知我军的主攻点在哪里。我们在埃及的海军调动和军事筹划似乎透露着一个讯息：我军将远征希腊。自突尼斯沦陷后，他们便加派飞机驻扎在地中海，新增的空军中队并不是要被派往西西里岛，而是地中海东部、意大利西北部和撒丁岛。在我军护航队逼近目标敌人的紧急关头，艾森豪威尔将军在交通便利的马耳他成立了司令部，并在此地与亚历山大将军和坎宁安海军上将会合。特德空军上将继续驻守在迦太基附近，指挥空中联合作战。

7月10日是发动进攻的日子。7月9日早晨，庞大的舰队群从东面和西面开往马耳他岛的南面会合。所有部队开足马力驶往西西里海滩。坎宁安海军上将在他的电报中说："这次规模浩大的部队集结有条不紊地进行着，美中不足的是有三艘舰船被德国潜艇击沉。①船队的航线得到了极其有效的掩护；绝大部分船只都成功躲过了敌军的侦察。"

---

① 从埃及来的船队中也有一艘被击沉。

而我则前往契克斯庄园等待战果。途中，我在海军部作战室逗留了一个小时。硕大的地图覆盖了整个墙面，上面的标识显示大规模的船队、护航舰只以及支援的分遣队正向他们的目标海滩行进。这是史上最大规模的两栖作战，但成功与否还取决于天气。

＊　　　＊　　　＊

　　9 日早上，天气晴朗，但中午突然刮起一阵强劲且反常的西北风。下午，风力更加猛烈；到了晚上，海上波涛汹涌，若此时强行登陆必凶多吉少，美军登陆的西海岸更是危险。登陆艇和护航队从马耳他岛以及比塞大与址加西之间的非洲口岸向北突进，这是一次乘风破浪的航行。

　　虽然事先已拟定推迟登陆的预案以备不时之需，但在中午之前就必须要决定是否执行这一预案。第一海务大臣在海军部一边焦急地等候着，一边用电讯了解天气状况。海军上将坎宁安晚上八点致电答复："天气状况不理想，但行动依然按计划进行。"他说，现在延迟登陆显然为时已晚，但要如期执行计划也着实令人担忧，要想让小型船队在风高浪急的海上行进更是困难重重，它们的速度放慢了，队形也散乱了。许多船只延时到达，幸而没有重大损失。坎宁安说："天公作美，风力在晚上逐渐减缓，到 10 日早晨已经停止，只留下令人生厌的海浪在拍打着西面的海岸。"

　　恶劣的天气帮助我们出奇制胜。海军上将坎宁安说："这次胜利主要取决于以下几个因素：高度有效的掩护计划；灵活躲避侦察的路线；月色不佳导致敌人放松警惕；最后，虽然有阵飓风险些妨碍登陆行动，幸好最后只有部分登陆受影响。这些貌似不利的因素，使已经戒备多晚的意大利军队松了一口气，疲惫不堪的士兵们倒头就睡，还笃定地说：'他们今晚一定不会打过来了。'但'他们'还就真打过来了。"

　　空降部队却遭遇了不幸。由于美军的牵引飞机过早地解开了绳索，超过三分之一运载着第一空降军的滑翔机都落入海中，许多士兵溺水身亡，其余的也分散在西西里岛的东南面，只有十二架滑翔机按计划到达一座重要的目标桥梁。八名军官和六十五位士兵攻占了这座桥梁，并据守了十二个小时，援军到达时，仅剩十九位幸存者，其他或死或伤。这是空军部队不畏艰难险阻建立的功勋。在美军前线，空军也七零八落地登陆，但一些小分队在内陆进行破坏，混淆视听，给防守海岸的意大利师制造了不少恐慌。

在战斗机的不断掩护下，这次海上登陆取得全线胜利。英军前线的锡拉库扎和帕基诺以及美军前线的利卡塔和杰拉被成功拿下。第八集团军 12 日夺取奥古斯塔。美军第一师前方受到来自德军装甲师的猛烈反攻。一时阵地告急，但经过一番苦战，我们的盟军终于击退敌军，高歌挺进，一举拿下杰拉东面的重要飞机场。

第八集团军的主力正前往卡塔尼亚和杰尔比尼的机场。伞兵空降着陆，海上突击队攻下重要桥梁，成功支援陆军横穿西梅托河。然而，德军不远万里从西面赶来支援意大利军队，使我军在渡河之后便不敢再轻举妄动。16 日，第八集团军左翼抵达卡尔塔吉罗内，与此同时，美军沿海岸线往西面挺进，并已占领恩佩多克莱港。两支军队保持密切联系。

目前我军已经控制了十二个机场，截至 7 月 18 日，已有一千一百架敌机在岛上被炸毁或损坏，超过半数为德军飞机。目前可用的德国飞机仅剩二十五架，我们的空军全力出击，阻挠敌军从意大利本土往墨西拿推进。在我军高射炮的猛烈轰击下，只有部分敌机得以突围。

7 月 16 日，亚历山大将军命令第八集团军进攻埃特纳火山的西侧，第七集团军则抢占周边的公路，切断贯穿恩纳东西的高速公路。第五十师进展缓慢，德军继续从意大利本土调来援兵，其中包括令人闻风丧胆的第一伞兵师的六个营。我们控制了德军左侧的部分领土，但显然我军需要补充兵力并重新调整战略。第七十八师从突尼斯赶来之前，英军前线暂时风平浪静。

＊　　＊　　＊

　　我们该如何部署下一步战略呢？横渡墨西拿海峡，夺取意大利的踵形地带，还是先攻下坐落于趾形地带的塔兰托？或者沿着意大利西海岸而上，在萨勒诺湾登陆并进攻那不勒斯？抑或是只需占领撒丁岛？我们曾在6月份就这个棘手问题征求了艾森豪威尔将军的意见。5月在华盛顿召开的会议上（"三叉戟"会议），我们商定在8月将西西里战役中配备的大部分袭击舰艇和部分空军调往印度。我们也曾告诉艾森豪威尔，11月1日以后，美军的四个师和英军的三个师会撤往英国，执行1944年的跨海峡进攻行动。6月30日当天，他提议，一旦成功夺取西西里岛，我们就进攻意大利趾形地带或撒丁岛。如果最后决定进攻撒丁岛，10月份应该可以备战完毕，但他并没有把握可以在11月之前进攻意大利本土，况且届时天气恶劣，也不便于两栖登陆。若真要推迟进攻意大利的时间，就必须确保我军有理想的行进速度。

　　西西里岛战事的进展令局面变得清晰起来。我于7月16日致电史末资，剖析整个局势，从电文中可以看出局势的变化：

　　　　1. 今年5月在华盛顿的谈话中，我们已经察觉到美国人忧心忡忡，唯恐我军沉迷于地中海之战，于是他们盘算着以攻占撒丁岛为由，催促我军结束这场战役。我们反对这个提议，因为我军在地中海战场的兵力远超美军，因此有权保留自己的意见，等成功夺取西西里岛之后再做定夺。不仅如此，我还请求总统派马歇尔将军与我一同赶赴北非，亲自说服艾森豪威尔将军等人：今年内，我们的最低作战目标是攻占罗马。终于，我们取得共识，决定等西西里岛的战局明朗以后再作决定。如果战事激烈且持久，那就以夺取撒丁岛为底线。如果我军战况理想，并未遭到来自意军的顽强抵抗，那就立即进攻意大利本土。

2. 现在到了抉择的时刻。关于这个决定的重要性，我不再赘述。我相信总统与我意见一致，艾森豪威尔内心真正的想法也是如此。不管发生什么，我决不允许强大的英军或者英国指挥的队伍被闲置在地中海无所事事。我正在从波斯调拨精锐的波兰军队赶赴叙利亚，准备让他们也投入战斗。

3. 巴尔干半岛的局势也是可喜的。我正转发一份来自中东司令部的电报给你们，报告指出意大利军已溃不成军。我们的作战目标不仅是夺取罗马，在3月之前尽可能向意大利北部挺进，还应该向巴尔干半岛的同胞伸出援助之手。如果我们抓住时机采取行动，将会收获颇丰。我对结果持乐观态度，也将不遗余力地争取盟国的同意。万一失败，我们也有足够的兵力单独行事。

4. 无论你们何时抵达，作为志同道合的战友，我们随时热烈欢迎。上述一切均属作战机密，请勿泄露。

1943 年 7 月 16 日

＊　　　＊　　　＊

同时，盟国空军正在捣毁敌人在意大利南部的交通要道和飞机场，以及那不勒斯港口。7 月 19 日，美国轰炸机的一支精英分队袭击罗马的火车站广场和机场，引起极大的恐慌和冲击。在巴顿将军的英勇指挥下，美军在西西里岛稳步前进。第三步兵营和第二装甲师受命前往岛上的西面收拾残局，清除剩余的意大利军队。由第一师和第四十五师组成的第二军正奉命攻占北面的海岸，而后沿着两条主要公路开往东面直抵墨西拿。7 月 22 日巴勒莫被占领。美军在月底抵达连接尼科西亚和切法卢的公路。他们的第三师已顺利完成西西里岛西部任务，被派去增援沿海追击，而第九师也从非洲赶来，像我们的七十八师一样作为后备部队。

决战的战场已经部署完毕。这注定是一场恶战，因为除了驻守的意大利防守军队，德军还有三个师以上的兵力，由身经百战的胡贝将军统率。但意大利迅速垮台也并非不可能，于是白厅的指挥官们踌躇满志，决定采取更大胆的攻略——从意大利西海岸直取那不勒斯。华盛顿总部表示同意，但认定此次行动只能按"三叉戟"会议上商定的军力配额来执行，不再实施增援。美国人认为虽然地中海战役如火如荼，但这不应该影响大家正视其他行动的重要性，尤其是"霸王"行动。这种保留的态度将会令我们在萨勒诺登陆时惴惴不安。

艾森豪威尔将军和他的主要指挥官们达成一致看法：意大利首当其冲，成为下一个战斗目标。他们仍然坚持认为在没有登陆舰和飞机的情况下，在趾形地带登陆是比较合理的做法。但他们也并非顽固不化，比如他们首次赞同直取那不勒斯的战略。这个区域离我们新占领的西西里军事基地很远，因此，战斗机对登陆行动的掩护作用也被大大削弱了。尽管如此，那不勒斯作为首要打击目标立刻成为众人关注的焦点。若能快速消灭意大利，那么搁置进攻缅甸的计划也就合情合理了。海军部已停止从地中海向印度调遣突击舰。

7月22日，英国参谋长委员会敦促美方同僚，在船舶和航母有盈余、可自由调度的前提下，应策划直接攻打那不勒斯。而美国却持不同观点。虽然在进攻的问题上并无异议，但他们坚持认为，不管为了执行此次行动或是其他目的，艾森豪威尔将军应尽量自给自足，以现有兵力去做出部署。另外，他们还坚决将艾森豪威尔将军的三个重型轰炸机组从英国撤回。于是，双方便产生了分歧。美国参谋长委员会认为攻占意大利并不会削弱德国的力量，而且担心德国人一旦撤退，我们便会扑空，从意大利南部的飞机场发射炮弹轰炸德国南部也是徒劳。他们希望将进攻德国的火力集中在横跨英吉利海峡的捷径上，尽管未来的十个月，那里仍将风平浪静。

英国参谋长委员会指出，在华盛顿会议上，双方已明确商定，铲除意大利是英美联盟的重要作战目标。袭击那不勒斯（行动密码代号为"雪崩"）则是实现这一目标的最佳方法。若意大利瓦解，跨海峡进攻行动的成功概率会大大提升，或者说是胜券在握。空军参谋长波

特尔强调，我军若无意大利机场助阵，想要全面摧毁德国的工业，尤其是生产战斗机的工厂，将成为一纸空谈。因此，占据意大利机场是进攻法国的一个重要条件。美军仍然按兵不动。然而，参与"雪崩"行动的士兵多数是英国人，我们决心要拼尽全力去实现这一战斗目标。为了弥补远程战斗机的不足，海军部指派四艘护卫舰和一艘轻型舰队航空母舰支援登陆，空军部也将原本安排提早撤退的三支轰炸机中队拨给艾森豪威尔将军。

正当这些尖锐的讨论进行得如火如荼时，7月25日，墨索里尼的倒台突然改变了整个格局。进攻意大利似乎是顺理成章的。如下文中提到，德军迅速做出反应，顽强抵抗我军的入侵，那不勒斯之战更是一场硬战。幸好我军补充了英国海军和空军的兵力，"雪崩"行动才得以告捷。我们认为，如果要降低风险，必须准备更多的船只以支援士兵们的登陆行动。在这一点上，我们未能与美国达成共识，美国的大量船只在行动之前已经撤退，部分英国攻击舰也被调往印度。

* * *

现在我们必须重新回顾一下西西里战场。以下是亚历山大将军于8月3日发出的电报：

> 进攻开展得很顺利……我刚刚拜访了巴顿将军，他义薄云天，正气凛然。美国第七集团军确实担当了重任，并且打了一场漂亮仗。加拿大人也有出色的表现，战绩喜人。虽然进展比较缓慢，但若非置身于那个国家，你无法想象当地的情况：几条山道蜿蜒地穿越峡谷，绕过悬崖，地形利于防守，也可能会被一举消灭。

刚刚抵达的第七十八师智取琴土里佩，标志着战事的尾声。5日，我们攻占卡塔尼亚，自此，英军全线向埃特纳火山南面和西面的山坡

挺进。8月6日，美军第一师在一场恶战后，拿下特罗伊纳；第九师赶超第一师，8日直抵切萨罗。经过两次小规模的、灵活的两栖包围战，美国第四十五师以及接踵而至的第三师，沿着北海岸行进，于8月10日成功到达奥兰多角。13日，朗达佐被攻克之后，敌军停止一切作战行动，紧接着在墨西拿海峡借助强大防空炮火掩护，连夜潜逃回国。我军迅速赶赴墨西拿，不料起始于卡塔尼亚的沿海公路遭到敌军破坏，阻碍了第八军前进的脚步，因此眼看着胜利在望，却不得不将战果拱手相让给美国人。美军于8月16日攻进墨西拿。

亚历山大将军致首相：

下面几件事很有意思：

7月10日进攻西西里岛。8月16日踏入墨西拿。三十八天拿下整座岛。西西里岛占地面积一万平方英里，海岸线长达六百英里，岛上布满了混凝土碉堡和铁丝网。轴心国驻军力量如下：意大利九个师，德国四个师，合计十三个师；兵力总数：意大利三十一万五千名，德国九万名，总数为四十万零五千名。我方兵力：第七集团军六个师，包括空降师；第八集团军七个师，包括空降旅和装甲旅，因此盟军总计十三个师。

我们初步判断，截至7月10日，岛上的意大利军队已全部被歼灭，剩下的少数残兵败将应该也已潜逃回国了。大炮、坦克、步枪和机关枪横七竖八地布满整个岛屿，我们一时难以估算战争中缴获了多少战利品和军用物资。

在整个作战过程中，我军一直保持空中优势，战术优良的空军部队为陆军提供了前所未有的大力支援，从敌人的飞机场缴获超过一千架敌机。皇家海军确保我们的海上通道畅通无阻，并提供我们所需的一切物资。

1943年8月17日

接下来的另一封电报：

亚历山大将军致首相：

  截至1943年8月17日上午十时，德国所有士兵已经被我们逐出西西里岛，我军已占领整个岛屿。

1943年8月17日

＊ ＊ ＊

  经过三十八天的英勇战斗，我军终于力挫敌军，结束了这场战役。敌人起初受到威慑，待缓过神来便开始垂死挣扎。陆上作战困难重重。首先，道路狭窄，只有靠步行才能翻山越岭。第八集团军在前方被埃特纳火山的崇山峻岭挡住了去路，于是不得不在敌人眼皮底下行进。而后，士兵们驻扎在卡塔尼亚平原的洼地，不幸感染疟疾，病情蔓延开来。尽管如此，待我们顺利登陆，空军便利用占领的机场展开攻势，胜负已见分晓。马歇尔将军的报告指出，敌军有十六万七千名士兵阵亡，其中三万七千名是德国兵。盟军死伤者以及失踪士兵人数达三万一千一百五十八人。

THREE

墨索里尼政府垮台

墨索里尼四面楚歌——对意大利人民的联合宣言——墨索里尼与希特勒在里米尼附近会面——格兰迪登场——7月24日法西斯大委员会聚首——格兰迪要求罢免墨索里尼的提议通过——7月25日墨索里尼入狱——二十一年独裁岁月的终结——希特勒愚蠢的排兵布阵——我在1942年11月25日做出的预测——与罗斯福通过电讯商议意大利即将求和一事——我对墨索里尼倒台事件的见解——英美就停战条款展开讨论

墨索里尼独揽大权多年，此刻意大利在军事上惨败，他责无旁贷。他一直以绝对权威统治着这个国家，因此无法将目前这种局面归罪于王室、议会和法西斯党派或者总参谋长。一切都归咎于他。现在战败的耻辱感在意大利国内的知情圈中蔓延开来，骂名很自然就落在墨索里尼身上，毕竟他曾经如此妄自尊大地带领国家走向错误和失败。从1943年年初开始，这些控诉就逐渐形成并扩散开来。独裁者置身于权力巅峰，而本国的军事行动遭到挫败，意大利军在苏联、突尼斯和西西里岛惨遭杀戮，所有的这一切都预示着盟军进攻意大利本土的序幕已经拉开。

墨索里尼企图通过更换政客和军事将领来摆脱困局，但并不奏效。2月份，安布罗西奥将军接替卡瓦勒罗出任意大利总参谋长。安布罗西奥和宫廷大臣阿奎罗纳公爵都是国王的私人顾问，深得王室信任。近几个月来，他们翘首以盼，希望能打倒法西斯首领，推翻法西斯政权。但墨索里尼却继续活跃在欧洲政治舞台上，仿佛自己是主角一般。当墨索里尼新任命的军事首脑提议立即将意大利师从巴尔干半岛撤回时，他恼羞成怒，因为他曾一度把这些军事力量看成是德国称霸欧洲的杠杆。他并没有意识到，海外的战败和内部的瓦解已经令他和希特勒分道扬镳。尽管与梦寐以求的权力和个人崇拜渐行渐远，他依然沉迷于其中，因此他拒绝了安布罗西奥提出的重大要求。但他过去的专制统治太过根深蒂固，人们一时无法摆脱对他的极端行为的恐惧，因此意大利社会各方力量还在踌躇，不知该如何罢免他。谁敢"摸老虎的屁股"呢？就这样，春天过去了，敌军以强大的海陆空力量直逼意大利本土。

7月，高潮终于出现了。为人沉默寡言、谨小慎微的立宪国王从2月开始，便与1940年间因在希腊惨败而被解任的巴多格里奥进行秘密联络。他终于物色到了一个可以倚重并托付国政的人，于是制订了一个明确的计划，决定于7月26日逮捕墨索里尼。安布罗西奥将军同意安排特工为此次行动造势。曾受惠于法西斯党的老战士们一心想要复兴党派，这无意中也助安布罗西奥将军一臂之力。法西斯党的最高形式会议——法西斯大委员会，自1939年以来首次召开，他们将以此作为最后通牒，来罢免墨索里尼。7月13日，他们会见了墨索里尼，怂恿他在7月24日召开正式的大委员会会议。这两个活动看似毫不相关，实则有着重大的关联，日期的重合绝非偶然。

＊　　　＊　　　＊

当时我们对意大利内部的紧张关系了解得并不确切，但意大利士气低落、局势不稳的消息也时而传到盟军司令部。我们对意大利北部城市的空袭引发了当地的罢工和骚乱，据说意大利的粮食供应也由于铁路遭到破坏而日趋紧张。我们原本打算在西西里岛登陆之时向意大利人民发出号召，现在时机已经成熟了。罗斯福总统在其撰写的宣言稿中高调地宣扬美国，这对于他们在意战中的盟友——英国人来说很不公平。因此我在7月5日致电罗斯福总统，内容如下：

1. 战时内阁准备以英美两国的名义向意大利人民发表一份联合宣言。既然双方商定"火炬"行动是由美国领衔，英国分队支援的远征行动，我自始至终也扮演了副手的角色。因此我们认为在"哈斯基"（西西里）以及"哈斯基"之后的所有联合作战中，双方应该是地位平等的合作伙伴。无论从陆军、海军、船只和飞机的数量来衡量，我们都旗鼓相当，因此我很赞同您说过的"不能一人独大"的名句。

2. 然而，我们与意大利的纠纷由来已久，也比美国更早向意大利开战，而且为了体现其完整性，我们认为这种性质的文件应该由一人执笔，而不是众人共同完成。因此，我们拭目以待，期盼您在这个关头能以两国的名义，基于共同事业的立场去向意大利人民发言。

3. 我以友谊之名，斗胆向您提出几处需要更正的地方。这些改动意义重大，因为如果英国人民和军队没有得到应有的认可，他们可能会心灰意冷。实际上，文中只有一处提到过他们，其余都是关于美国或同盟国的内容。

4. 建议修改之处如下：（1）请在"贵国政府在 1941 年12 月 11 日对其宣战"后面加上"我也代表英王陛下政府，并以他们的名义发声"。（2）在"在艾森豪威尔将军的指挥下"这句的头衔后面加上"以及他的副手亚历山大将军"。（3）在"意大利上空被同盟国庞大的空军力量占据"中，将"同盟国"改为"美国和英国"，并且在后面加上"意大利的海岸也遭到了来自英国以及集结在地中海的史上最强联合海军力量的威胁"。我相信您能看出这样表述的合理性，毕竟自始至终美国和英国都参与其中。

5. 最后，我们认为最好在西西里岛取得初步胜利之后再进行发言，这样才会更有号召力。因为如果我们在战场上受挫，这一切便成为无稽之谈。总之，文告在硝烟战火之中必然不会引起世人的注意，更别指望其能渗透到轴心国的军队，以此瓦解他们。

罗斯福认为我们的主张是合理的，于是我又给他发了一份我们认为比较恰当的修改版。

　　这是美利坚合众国总统和英国首相给意大利人民的文告。
　　目前，在艾森豪威尔将军及其副手亚历山大将军的指挥下，英美联合部队正将战争推向你们的领土。这是你们听命于可耻的墨索里尼和法西斯政权的下场。墨索里尼诱导你们参战，屠杀人民，剥夺人民自由。墨索里尼让你们深陷战争的旋涡，并误以为希特勒胜券在握。尽管此刻，意大利极容易受到来自海上和空中的袭击，你们的法西斯领袖仍然派你们的儿子、船只和空军部队前往遥远的战场助纣为虐，帮助德国实现一统天下的美梦。意大利人民自古以来推崇自由，英美也受其恩泽，而现在纳粹德国所勾勒的前景却与这一文化渊源格格不入。你们的士兵不是在为意大利而战，而是为纳粹德国而战。他们英勇奋战，但在苏联前线和从阿拉曼到邦角的各个非洲战场上，他们都惨遭德军背叛和抛弃。
　　如今，德国妄想征服世界的阴谋已经在各个战场被粉碎了。意大利的上空已经被美国和英国的庞大空军占据，意大利的海岸也遭到了来自英国以及集结在地中海的史上最强联合海军力量的威胁。纳粹德国势力曾无情地奴役、毁灭和杀戮那些拒绝屈从于他们的人，现在你们的敌人誓死要掐断这股势力。
　　意大利唯一的出路就是体面地向实力雄厚的英美联军投降。如果你们继续容忍法西斯政权，屈服于纳粹的邪恶力量，你们必将为自己的选择付出代价。我们无意侵犯意大利领土，让意大利人民饱受战争之苦，但我们势必要拨乱反正，让导致意大利沦落至此的首领和思想都销声匿迹。你们与盟军联

合部队多抗争一秒，多流一滴血，只会为法西斯和纳粹首领争取更多的时间，让他们去逃脱本该遭受的罪责而已。你们所有的利益和传统都被德国和你们的狡诈而堕落的领袖背弃了，意大利只有弃暗投明才能在欧洲盟国当中取得一席之地，并赢得尊重。

现在，意大利人民是时候思考个人自尊、自身利益和发展需求的问题以及如何重建国家尊严、安全与和平环境。此时此刻，你们该决定是要为墨索里尼和希特勒而死还是为意大利和文明而生。

罗斯福　丘吉尔

7月17日，盟国的飞机在罗马以及意大利其他城市的上空散发了这一文告的传单。

＊　　＊　　＊

两天之后，在安布罗西奥将军的护送下，墨索里尼乘坐飞机前往里米尼附近的费尔特雷，在一座别墅里与希特勒会面。"那是我见过的最美丽的公园，苍郁清凉，绿树成荫。"墨索里尼在他的回忆录中写道，"还有一座建筑酷似迷宫，给人近乎神秘之感。"希特勒以最高礼遇款待了墨索里尼，准备留他住两天，但他当天下午就离开了。"希特勒在这次会面中和以往一样热情，但那些随从人员、高级空军军官和军队的态度却很冷淡。"[1]

德国元首不厌其烦地声明必须要全力以赴。他说新的秘密武器在冬季即将问世，届时将用来抗衡英国。必须要保住意大利，"只有这样，西西里岛才能制衡敌人，就像斯大林格勒对于我们的意义一

---

[1]　参阅墨索里尼的《回忆录：1942—1943》（英文版）。

样。"① 目前德国在苏联前方战事告急，因此无法为意大利提供援助和装备，意大利必须自己招兵买马，组织战事。

安布罗西奥催促墨索里尼直率地告诉希特勒，意大利不能继续参战了。意大利在这场战争中似乎无利可图，而墨索里尼呆头呆脑的样子已经令他完全失去领袖风范了，安布罗西奥和其他几位意大利将军彻底对他丧失了信心。

正当希特勒谈论局势时，一位意大利长官激动地走进会议室，向大家汇报了一个消息："此时此刻，敌人正在对罗马进行猛烈的空袭。"在返回罗马前，墨索里尼除了成功说服德军增援西西里岛，并没有其他功劳。墨索里尼快到罗马时，利特里奥火车站的数百辆汽车正在熊熊烈火中燃烧，他乘坐的飞机也一头扎进了这浓密的烟雾中。次日，墨索里尼与国王会面时双方都眉头紧锁，神情紧张。国王说道："现在局势紧张，我们支撑不了多久了，西西里岛已经落入敌人手里了，德国人也会过河拆桥，军心大乱……"据记载，墨索里尼的回应是，他希望意大利能在 9 月 15 日之前脱离轴心国联盟。这个日期可以说明，他已经完全脱离现实了。

压轴的主角——迪诺·格兰迪终于登场了。他是法西斯党的元勋、前外交部长，意志顽强，痛恨意大利向英国宣战，但迫于形势所逼，还是来到了罗马，准备主持法西斯大委员会。他于 7 月 22 日拜访了自己的前任领导，无情地告知他，自己即将提议成立联合政府并恢复国王对武装部队的最高指挥权。

*　　*　　*

24 日下午五点，法西斯大委员会会议召开。警察署长做了严密的防暴措施，以确保会议顺利进行。墨索里尼和他的贴身保镖卫队被解除了保卫威尼斯宫的资格，现在宫外布满了武装警察。墨索里尼陈述

① 参阅里佐利编著的《希特勒和墨索里尼：通信与文件》。

自己的立场，统一穿着黑色法西斯制服的委员们开始讨论，交换意见。墨索里尼作最后陈词："战争永远是服务于党派的——是应党派所需而战，是争夺个人权力之战——是以个人名义在宣战。如果今天这场战争被命名为墨索里尼战争，那 1895 年那场战争则可以称为加富尔战争。在眼下这一历史时刻，是时候加强集权，承担责任了。今天我们的国土被侵犯，如果我要以国家的名义去作人事变更，加强管制及征用新兵，这将是一件轻而易举的事情。"

　　紧接着，格兰迪发起一项决议，敦促国王恪尽职守，重整山河。他的发言被墨索里尼评价为"猛烈的抨击"和"一个苦大仇深的人最终得以发泄"。大委员会的委员们和法庭的里应外合显而易见，墨索里尼的女婿齐亚诺也表示支持格兰迪。一场政治风暴席卷了现场所有人。这场辩论持续到午夜，法西斯党秘书斯科尔扎提议休会，次日再审。但格兰迪蹦了起来并大喊："我反对这个提议，既然开审了，就要在今晚结案。"于是直到凌晨两点，投票才开始。大委员会所有成员的立场在投票前就已表露无遗。这帮叛徒早就和国王串通好，就是一行帮凶和一群无知之徒——他们根本没有意识到这次表决的后果，只会随波逐流。十九位成员投了赞成票，七位投了反对票，两位弃权。墨索里尼这时站起来，说道："你们这样做只会挑起政权危机，会议到此结束。"法西斯党派秘书刚要对领袖致敬，便被墨索里尼挥手制止了，"不必，免礼了。"所有人都默默地离去，当晚注定是一个不眠之夜。

　　与此同时，逮捕墨索里尼的计划正在暗中执行。宫廷大臣阿奎罗纳公爵向安布罗西奥下达命令，由安布罗西奥的副手和警察心腹立即执行。他们已经秘密控制了重要的电话接线站、警察总署和内政部的办公室，王室别墅附近也埋伏了一小组军事警察。

　　7 月 25 日早晨，墨索里尼待在他的办公室，之后又巡视了罗马被轰炸的几个区域，而且要求下午 5 点觐见国王。"我曾想过要交出权杖，以为国王会撤回他于 1940 年 6 月 10 日交到我手上的军事大权。但我在踏入别墅时没有任何不祥的预感，现在回想起来，当时真是毫无防备。"快到国王寓所时，他发现各处都加强了戒备，国王身着大元

帅制服站在门口。接着两人步入了客厅。国王说："亲爱的领袖，大势已去，意大利已经支离破碎，军队士气一落千丈。士兵们已无心恋战……大委员会的表决结果很可怕，竟然有十九票支持格兰迪，而且其中四个还是报喜勋章的获得者！……此时此刻你是意大利的罪人，你现在只有一位朋友信得过，那就是我。所以你无须担忧自己的人身安全问题，我会全力保护你，而巴多格里奥元帅是我心目中接替你的最佳人选……"

墨索里尼回应道："你正在做一个重大决定。目前众人被危机所蒙蔽，以为罢免宣战者就能迎来和平的春天。相反，这一举动将使军心大乱，令丘吉尔—斯大林集团坐享渔翁之利，尤其是斯大林。昨晚在大委员会中我深切地感受到人民对我的仇恨。我在位这么久，牺牲了不少人，总会激起民愤，不管怎么说，我希望目前掌管局面的人一切顺利。"国王陪同墨索里尼走到门口。墨索里尼后来回忆说："他当时脸色苍白，比任何时候都显得矮小，像侏儒一样。他与我握手告别后便进去了。我走下台阶，朝我的车子走去。突然一个上尉级宪兵军官拦住了我说：'国王陛下命令我保护您的安全。'我继续向我的车走去，然而他指向不远处一辆救护车对我说：'我们必须乘坐那辆车。'我与秘书一起上了救护车。接着，除了那个上尉，还有一个中尉、三个宪兵军官和两个便衣警察也一同上了车，他们手持机枪坐在车门处。车门一关上，车子便风驰电掣般离去。当时我仍然以为一切尘埃落定，国王会如他所说保障我的安全。"

那天下午晚些时候，国王命令巴多格里奥组建新的内阁，任命军事首脑和文官。当晚，巴多格里奥元帅向全世界广播了这个消息。两天后，巴多格里奥元帅下令将墨索里尼拘禁在蓬察岛上。

*　　　*　　　*

至此，墨索里尼统治意大利二十一年之久的独裁岁月终于画上了句号。1919 年，意大利人民深陷布尔什维主义，是墨索里尼拯救了他们，并带领意大利在欧洲树立了前所未有的威望。这个国家被注入了新的活力，并在北非建立了意大利帝国，同时完成了许多重大的公共工程。1935 年，这个法西斯领袖以顽强的意志征服了国际联盟——"一个国家领导五十个国家"——并且成功收服埃塞俄比亚。他的政权开支过于庞大，国人不堪重负，但不可否认，他的统治在当时还是取得了成效，赢得了民心。在法国沦陷期间，我把他称为"意大利立法者"。墨索里尼犯下的致命错误便是在希特勒 1940 年 6 月获胜之后向法国和英国宣战。如果他没有这样做，如今的意大利就能袖手旁观，坐收渔翁之利。后来，尽管战事已无法避免，墨索里尼还是可以与盟军交好，因为他可以通过各种方式去尽早结束战争。他原本可以选择在恰当的时机不失风度地向希特勒宣战，但他做出了错误的判断。他没有认识到英国的强大，也不曾了解西西里岛抵御外侮的持久性和海军的威力，因此最终走向了毁灭。尽管如此，他仍然以个人权利和长期统治在其伟大征程上浇筑了一块丰碑。

* * *

这时，希特勒在战略部署和作战指挥上出现了严重失误。意大利变节，苏联成功突进，英美盟军大张旗鼓地准备跨海峡作战，他有充分的理由集结所有精兵强将以作储备。只有这样，他才能充分发挥德国指挥部和作战部队的高效性，同时利用他占据的中心位置和内线作战的优越条件以及便利的交通。正如冯·托马将军被俘房时所说："我们唯一的出路就是为陆军作战创造条件。"我在前文当中提到，希特勒已经布下天罗地网，却忽略了最关键的一环。他妄图攥紧手里的一切筹码，大量兵力被闲置在巴尔干半岛和意大利，这样的部署毫无战略意义。如果他集合装备精良、机动性强的三十或四十个师组成中央储备部队，就能随时打击向他进攻的敌军，即使发生激战，也有很大的胜算。比如，英美联军登陆诺曼底一年之后的第四十或五十天后，他本可以带领养精蓄锐的部队轻松迎战英美，早日决出胜负。但他却将军队搁置在意大利和巴尔干半岛，如此部署于战局无利，失去了最后的获胜机会。

当我得知他面临这些选择时，我也希望能从右翼进攻意大利，或者从左翼横渡英吉利海峡，或者左右开弓。正是因为他做出了错误的部署，我们才可以在有充分把握的前提下展开正面进攻。

* 　　* 　　*

希特勒在费尔特雷会议上被成功说服了。他深信若法西斯党不进行内部洗牌，德国若不给法西斯领导施压，意大利就势必要退出战场。7月29日是墨索里尼的六十大寿，戈林作为代表趁机正式拜会他。但在7月25日当天，令人震惊的消息从罗马传到希特勒的总部。晚上，墨索里尼显然已经辞职或被解任，国王任命巴多格里奥接替了他的位置。德国最后决定，应尽可能将原本部署在东线防御苏联进攻的部队抽调过来，执行进攻意大利政府的大规模军事行动。他们还制订计划，准备解救墨索里尼、占领罗马并尽一切力量支援意大利法西斯主义。如果巴多格里奥与盟军签署停战协议，德国将会夺取意大利舰队，抢占意大利全境的重要阵地并震慑巴尔干半岛和爱琴海的意大利驻军。

7月26日，希特勒对他的顾问说："我们必须行动起来，不然英美会领先我们一步抢占飞机场。意大利法西斯党目前已经毫无方向，但若站在我们战线的后方，他们会逐渐认清形势。现在只有法西斯党愿意与我们同舟共济了，所以我们要好好稳住它。一切主张等待的理由都是错误的，若继续观望，我们可能要将意大利拱手相让于盎格鲁-撒克逊人了。军人是无法完全理解个中缘由的，只有具备政治视野的人才能审时度势。"

* 　　* 　　*

我们曾反复考虑过意大利瓦解带来的后果。八个月前，我曾经写道：

意大利的形势
—— 首相致战时内阁的备忘录

1. 至于意大利的内部动乱会不会催生单独媾和的政府，我认为现在下结论还为时过早。如果我们持续对意大利施压……所有意大利人民，包括法西斯党员，将会迫切地希望能够从战争中被解放出来。如果意大利无力招架持续的空中袭击以及我们即将发动的两栖作战，意大利人很快将做出抉择：建立以格兰迪为首的政府单独求和；或是成为德军的俘虏，加剧战争带来的祸害。

2. 有观点认为德国占领并统治意大利符合我方利益，我并不赞同。我们也许无力阻止这一切的发生，但我仍然希望意大利人民能揭竿而起，抵御外敌。我们当然也会全力支援。如果意大利发生变革，并由一个缔结停战条约的政府当权，那么，德国人防守勃伦纳的既得利益与其违背意大利人民或临时政府的意愿防守意大利的既得利益，到底哪个更大，还是存在争议性的。

3. 当一个国家在战争中彻底战败时，它会做出一些人们无法想象的异常举动。1918 年，保加利亚政府、军队和人民被突如其来的战败所打击，集体沉浸在悲痛中无法自拔的景象仍历历在目。士兵全然不顾未来前程和人身安全，七零八落地从前线逃回故乡，费迪南德国王也流亡在外，只留下以农民领袖为首的政府无奈地等待胜利者的判决。

4. 因此，我不会排除意大利突然求和的可能性，也同意美国提出的将意大利人民与他们的政府区分对待的做法。尽管意大利提前对墨索里尼倒台采取了应对措施，但这个事件对民众舆论仍然可能产生决定性的影响。法西斯的统治已经结束，意大利的舞台将上演另一段故事。我认为最好从意大利各个被轰炸的城镇上空发放宣传单，主题是："给你们带来苦难的罪魁祸首就是墨索里尼。"

5. 应该注意的是，即使战败者向我们提出任何求和条件，我们也未必要应允。等到他们投降时我们才能做决定，同时，我们绝不应该像美国某些宣传单那样做出任何承诺。

1942 年 11 月 25 日

现在从罗马传来的消息引发了这些问题，于是我致电罗斯福总统：

前海军人员致罗斯福总统：

意大利宣布的变革预示着求和的迹象，墨索里尼的垮台会令希特勒感到孤立无援，谁都不能断定局势会怎么发展。在这个过渡时期，我们应当共同商议如何采取联合行动。

1943 年 7 月 26 日

罗斯福总统几乎与我同时发出电报：

罗斯福总统致首相：

今天下午当消息从罗马传来时，我恰巧又在香格里拉，但这次应该是真的了。一旦接到求和的申请，我们务必要动用意大利全境的运输工具和飞机场来对付北边的德国和巴尔干半岛。我认为我们应尽量争取无条件投降，并善待意大利人民。但是，必须要交出大魔头希特勒以及他的主要同谋。在任何情况下，没有你我的批准，双方的军官都无权敲定任何一项条款。请告知我您的想法。

1943 年 7 月 26 日

*　　*　　*

我们联合作战的效应左右着未来战争的走势。当天，我花了一些时间将我如何应对意大利投降的一些想法付诸笔端。下午，战事内阁召开会议，就最新形势展开讨论，并研究我起草的文件。当晚，我将文件发给罗斯福总统，征求他的意见。

前海军人员致罗斯福总统：

我将提交给战时内阁并获得一致通过的意见书发送给您。

我个人认为尽管我们对非法西斯政府并无好感，但也不应对它过分苛刻。现在墨索里尼已经下台，我会与愿意履行条约的意大利非法西斯政府交涉。这些条款都已经罗列在我的备忘录中，我的同僚们对此也表示认可。

1943 年 7 月 26 日

首相对墨索里尼政府垮台的一些思考

1. 墨索里尼的倒台似乎极有可能导致法西斯政权的崩盘，而由国王和巴多格里奥执政的新政府可能会向盟军单独媾和。如果确实如此，我们必须要确认两个方面：我方的要求以及达到这些要求所必需的措施与条件。

2. 目前，我们的最高目标是摧毁希特勒、希特勒主义以及纳粹德国。如果意大利确实投降，所衍生出来的军事利益都将服务于这个目标。

3. 如总统所说，其中第一点便是"动用意大利全境的运输条件和飞机场来对付北边的德国人和巴尔干半岛"。实现这一点的前提是撒丁岛、多德卡尼斯群岛和科孚岛向我驻军投降以及意大利本土所有的海军和空军基地在最短时间内归属于我军。

4. 第二点同样重要，意大利舰队立即向盟军投降，或者起码要有效地遣散或停用舰艇，同时按照我方的要求解除意大利空军和地面部队的武装。意大利舰队若投降，强大的英国海军力量便能抽身转往印度洋战场对付日本，这是美国最

乐于看到的景象。

5. 同样重要的是要求意大利军队于科西嘉岛、里维埃拉，包括土伦和巴尔干半岛——即南斯拉夫、阿尔巴尼亚和希腊等地立即撤退或者投降。

6. 还有另一个非常重要的目标——英国国内掀起一阵兴奋的热潮——因为不用再担心关押在意大利的所有英国战俘会被意大利人运往北面的德国，他们即将被释放。我们的同胞和亲人在战争的最后阶段能免遭德国的迫害和折磨早日回到祖国的怀抱，我认为这事关国家荣誉，也符合人道主义精神。

7. 在意大利境内（尤其是罗马以南）的德国军队可能最终会与意大利军民火并。我们应当要求他们投降，而与我们统一战线的意大利政府也应该极力促成这一事宜。然而，不管意大利陆军部队如何阻挡，德军都将突围北上。我们要尽可能挑起他们之间的争端，然后果断地派出陆空两军支援意大利，迫使罗马南部的德军投降。

8. 与此同时，我们可以进一步规划罗马北面的行动。首先奋力夺取意大利东西海岸铁路线上的据点，如果够魄力，也可尽量往北推进。现在正是该激进的时候。

9. 当与希特勒和德军厮杀时，我们对任何能破坏德军的支援都非常欢迎。意大利人民的愤怒将成为刺向德国入侵者的有力武器，因为他们认为德军丝毫没有给予意大利半点帮助，只带来巨大的苦难。我们应加快这个过程，打造一个新的、自由的、反法西斯的意大利，以便早日在这片安全友好的区域做好部署，空袭德国南部和中部。

10. 这次空袭具备全新的尖端优势，它将集合地中海所有空军力量从一个方向进行集中打击，改变西面的整条防空战线，同时使那些为躲避英国空袭而不断向外扩展的德国战时生产中心无所遁形。在紧急时刻，跨越亚得里亚海进入希腊、阿尔巴尼亚和南斯拉夫，从海上派遣特工人员和突击队以及输送物资成为最迫切的任务。我们必须牢记德国还有十五个师在巴尔干半岛，其中有十个是机动师。话虽如此，我们一旦拿下意大利半岛和亚得里亚海，驻扎在巴尔干半岛的意大利军队就必须撤退或者缴械投降。德国人可能会撤退至萨夫河和多瑙河的防线，这样一来，希腊和其他遭受德国凌辱的国家将重获自由。

11. 目前墨索里尼的倒台和意大利求和对保加利亚、罗马尼亚和匈牙利将产生什么样的影响仍不得而知，但这些影响可能非常深远。我们可以借机用意大利的垮台作为筹码向土耳其施加强压，迫使它遵循同盟条约的精神行事；而不管英美是采取联合或单独行动，苏联在条件允许的情况下应该要加入其中，或至少要提供支援。

12. 总统曾说我们的一个主要目标是降服大魔头希特勒与他的主要同谋。我们应当竭尽全力去实现这个目标，但不能因此就荒废我前面提到的大好前程。这些罪犯极有可能会潜逃至德国或瑞士。另外，他们可能会自首，也可能通过意大利政府投降。我们现在就应该与美国商定，万一罪犯落入我们的手中该如何处置，与美国达成一致后，再与苏联磋商。一些人的看法是不经过审讯就立即处决，除非为了识别身份。也有人认为将他们关押至欧洲战争结束，再与其他战犯共同等待判决。如果泄愤不会损坏实际的军事利益，我也无意干涉。

总统于 7 月 30 日回复我："关于如何应对意大利局势以及未来的走势，你的来电基本上表达了我目前的想法。"他建议做出细微的修改，但这并未改变文件的本质，所以我欣然接受了。31 日，我回电说："我还没来得及与同僚们交换意见，但毋庸置疑的是，修正后的联合起草文件充分体现了我们两国政府在将要贯彻的普遍政策上的一致

立场。这似乎是'同心同德'的一个实例。"

8月2日，战时内阁通过了我那份略微修正之后的文件，将它作为双方政府对联合参谋长委员会共同指示的草案。我携带着这份草案，赶赴魁北克与罗斯福总统进行最后的讨论，它主要的意义在于明示两国政府携手对于墨索里尼倒台做出回应。

*　　*　　*

现在我们面临着复杂的局面。首先要思考如何应对意大利新政府，同时意大利作为轴心国成员同伙也即将垮台，在拟定投降条件的细则时，应谨记其适用对象不仅仅是意大利，还包括德国。至于如何部署在意大利本土以外的区域——目前仍受制于意大利军队的爱琴海和巴尔干半岛等地，前面所罗列的事件所包含的战略意义也成为我们考量的一个因素。

艾森豪威尔将军将通过广播向意大利人民发表文告。7月27日，罗斯福总统将已经获得美国参谋长联席会议一致通过的发言初稿寄给我。其中有一段是这样写的："你们的士兵将恢复往常的生活，重操旧业，我们关押的成千上万的意大利战俘也将回归家庭，慰藉翘首以盼的亲人。你们自古以来崇尚的自由和传统也将得到重建。"

这份联合发言的稿子固然重要，但我更关注仍关押在意大利牢狱中的英国战俘的命运。

前海军人员致罗斯福总统：

1. 目前意大利关押的战俘中，有七万四千人是英国人，还有约三万南斯拉夫人和希腊人。只有确保我们的士兵和盟军已经成功脱离德军的魔爪并回到我们的阵营，我们才会同意释放"成千上万的意大利战俘"。

2. 除此以外，除了在突尼斯和西西里岛抓捕的战俘，韦维尔将军两年前俘获的近二十五万意大利战俘已被安置在世

界的各个角落。若要安排这么多战争初期的战俘返还意大利，我们无法实现，也没有必要。但是，我们愿意用在突尼斯和西西里岛抓获的战俘来换取前面提到过的英美战俘回国。

3. 基于这一点考虑，我们建议将艾森豪威尔的说法修改为："你们的士兵将恢复往常的生活，重操旧业，如果你们能将现在手上的英国和盟国战俘毫发无损地交还给我们，我们关押的成千上万的意大利战俘也将回归家庭，慰藉翘首以盼的亲人。"

1943 年 7 月 28 日

第二大，我打电报给艾森豪威尔将军。

首相致艾森豪威尔将军（在阿尔及尔）：

若是以博人眼球和非正式的形式来陈述停战条款，势必会引起不良后果。最好是按照惯例，用书面形式拟定所有条款，以便于他们的政府了解我们的所有要求以及我们的底线。我们现在发送另一份草案给贵国政府，确保有充足的时间与你们磋商以达成一致，会谈或由任意一方主持。

您将率领亚历山大在西西里岛东面发起猛烈攻势，这场战斗牵动着所有人的神经。我军第十五军眼下正与德国的三个师交火，此时若能将德军歼灭，将彻底改写局面。

1943 年 7 月 29 日

我还致电罗斯福总统：

前海军人员致罗斯福总统：

1. 非常高兴（在电话里）又听到了您的声音，可以听出来你的心情很好。

2. 艾森豪威尔准备发布的公告，经我方修改后加入英国

和盟军战俘的内容，现在他将修改后的版本发布出去，我们对此表示非常满意。

3. 我冒昧地通过瑞士向意大利国王致电，强调我们高度重视这个问题，非常感谢你愿意通过教皇或其他便利的途径去施压。如果国王和巴多格里奥放任德国人掳走我们的战俘和一些关键人物，而不尽全力（武力）加以阻止，公众舆论会觉得和那个政府的一切谈判都没有意义。

4. 停战条约。战时内阁很明确，我们不应该对敌人主动提出停战条约，而应该是在我方要求无条件投降的基础上，对方执政政府正式地向我方请求停战，届时才开始委任谈判代表和确定谈判地点。我们的意见书已经在你们手中。如您所见，我们基本沿用艾森豪威尔的原稿，只是表达更精准，语言风格更像是各方代表之间的对话，而不是对大众进行呼吁，因为喂病人吃糖衣炮弹是很危险的事情。

5. 我们认为停战协议应该兼顾民生和军事两方面的要求，两国政府委派的使者比战地将领更适合处理这些条款。当然，如果在战地将领所管辖的前线有敌军提出局部投降的请求，他就有权做出处理。

6. 最后，我们目前高度关注英国第八集团军和美国第七集团军在西西里岛东部末端与六万五千名德国士兵展开的激战。此时便是摧毁敌军，改写意大利甚至是全世界时局的最好时机。一想到我们的士兵并肩作战，一起走向胜利，着实令人欢欣鼓舞。

1943 年 7 月 29 日

总统同意不向敌军播放停战条约，但他强烈主张当意大利政府提出请求时，艾森豪威尔应有权宣读相关条约，这样便可以避免对意宣战，无须付出不必要的、沉重的军事代价。我认为意大利不一定会向艾森豪威尔提出这样的请求，除了在西西里岛与德军交过手之外，他

们与其他敌军并无正面冲突。在我看来，意大利政府更有可能通过梵蒂冈、土耳其或瑞士进行谈判。然而，我也认为如果对方突然派特使来求和，艾森豪威尔应该要持有明确包含敌人无条件投降的条款，这样就能立即以此文书为基础准许停战。经多次协商，我们一致通过以下条款：

1. 意大利武装部队应立即停止一切敌对活动。

2. 意大利应果断拒绝向德军提供便利以攻击盟军。

3. 立即将盟军的所有战俘和拘禁人员移交给盟军总司令，禁止在谈判过程中将其中任何人转移至德国。

4. 意大利舰队和空军应在盟军总司令指定的地点立即办理移交，并按照规定的详细办法解除武装。

5. 意大利应允将其商船交由盟军总司令使用，以配合盟军的海陆计划。

6. 立即将科西嘉岛以及全部意大利领土（岛屿和本土）交与盟国掌管，以便盟国用作基地或其他合适用途。

7. 无论德国军队是否从意大利领土撤退完毕，应立即保证盟国能够自由使用意大利领土内的所有机场和军港。这些机场和军港在盟国接管之前，应由意大利的武装部队负责保护。

8. 无论驻扎何地，意大利武装部队应立即从各个战场撤回意大利。

9. 意大利政府承诺在必要时动用其现有的一切武装力量迅速、准确地履行停战协定的一切条款。

10. 在必要的时刻，盟军总司令有权采取措施保障盟军利益和战争所需；意大利政府应按照总司令要求，采取行政措施或其他相关行动；尤其是在意大利某些特定区域，总司令为了维护盟国的军事利益将成立盟军政府。

11. 盟军总司令有充分的权力强制解除武装、遣散军队

或废除军备。

7月31日致电总统：

　　当务之急已如上述。我希望您能尽快安排审核我方"关于投降问题的文件"①，以达成共识。经过仔细斟酌，其中有几点并没有采用紧急条款的术语，而是用一种精准的、正式的法律术语来表达。你们却从来没提到这个文件，对此我们很不理解。因为在我们看来，它实际上是紧急停战协议的一个更审慎、更全面的版本。如果您能与我们分享您对它的看法，我们会非常感激。我们应当尽快备好一份这样的文件。

罗斯福总统同意了，但他说需要进一步听取美国三军参谋长和国务院的意见。阿尔及尔的盟军司令部在向意大利人民发表声明之前，应该首先正式征求美国人民和英国人民的同意，无论结果怎样，军事首领们都可以继续开展军事行动，同时未雨绸缪，保留停战条款。

＊　　　＊　　　＊

我们对待巴多格里奥所领导的新意大利政府的态度，取决于意大利何时向我们提出求和条件。

我们对这个问题进行了深思熟虑，大西洋两岸的报刊上都曾报道过。

罗斯福总统致首相：
　　如果我们表露承认萨沃依王室或巴多格里奥政府的意向，一些爱兴风作浪的人可能要大做文章了，此前在对待北非的

---

① 该文件未印刷。

问题上他们也是大惊小怪。

今天我已经向媒体说明，我们只与有能力解除武装和保证社会秩序的人物交涉。我认为，在签订停战协议之后，我们才能选取一个恰当的时机来谈谈意大利的民族自决问题。

1943 年 7 月 30 日

前海军人员致罗斯福总统：

墨索里尼和法西斯党徒已经下台，我目前的工作重点是与愿意履行条约的意大利当权者进行交涉。也许有人会认为此举意味着承认萨沃依王室或巴多格里奥政府，但如果他们能尽力劝服意大利人为我所用，于战事有利，我丝毫不担心众人的舆论。我与他们的交涉肯定会受到社会动乱或内战的冲击，但我们也无权把这些重负转移到我们的军队身上。接下来局势的发展应该是这样的：意大利国王和巴多格里奥在接受停战条件后，人心向背，威望扫地，可能会推选王储和新首相来执政。

目前不应该急于发表对意大利自决问题的声明，因为这已经超出了《大西洋宪章》的内容。但我们确实应该审慎行事，心急吃不了热豆腐。

1943 年 7 月 31 日

首相致外交大臣：

生活中的许多事情都是分两个阶段来完成的。比如，一个男人若未持有家庭律师起草的婚约，就只能口头求婚："亲爱的，你愿意嫁给我吗？"我个人认为，草拟的"关于投降问题的文件"当中的法律术语令人望而生畏，而艾森豪威尔目前提出的条件对特使来说比较简单明了，因此也更容易被接受，印刷出来后效果会更佳。一旦他们接受紧急条款，就意味着意大利人要上缴全副武装——枪身、枪托和枪筒。这样一来，我们要求他们将擦枪布和其他清洁用具统统交出来，也就合情合理了。

1943 年 7 月 31 日

罗斯福总统致首相：

我已经阅读了"关于投降问题的文件"，措辞大致得体，不过我高度怀疑它的实用性。毕竟投降条款已经获得双方认可并寄给了艾森豪威尔，该做的都做了，何必要用一个未必能符合现实需要的文件去束缚他呢？为什么不让他随机应变呢？

1943 年 8 月 3 日

魁北克会议即将召开，一切问题有待在会议中商议。

第四章

FOUR

向西去吧！人工港

在"玛丽皇后"号游轮上——"霸王"作战部署——"科萨克"号的工作——"桑葚"计划成型——关于浮动机场的设想——关于"霸王"作战计划的三个主要设想——蒙巴顿将军被任命为缅甸战场的最高统帅

放眼望去，西西里战役胜利在望，意大利局势复杂，战事取得进展，我认为有必要在 7 月初与罗斯福总统召开新一轮的英美会议，来讨论这些事宜。罗斯福总统提议将会议地点定在魁北克，麦肯齐·金先生欣然接受，这对于我们来说也再合适不过了。作为加拿大的门户，魁北克古城俯瞰雄伟的劳伦斯河，在这个庄严的时刻，这个地点对于运筹帷幄、主导整个西方战场的首领们来说，无疑是不二之选。尽管罗斯福盛情难却，但并不代表他同意加拿大参会，否则同为盟国的巴西和其他美洲成员国会要求一视同仁，另外我们也要留心澳大利亚和其他自治领的想法。加拿大总理和政府处事宽宏大度，令这个原本很微妙的问题迎刃而解。我坚信，这次会议应仅限于英美之间，这便于我们探讨共同面临的一些问题。至于三国首脑聚首召开"三巨头"会议，那是未来的一个方向；目前这个代号为"四分仪"的会议只能在英美之间进行。

8 月 4 日晚，我从伦敦搭乘火车前往"玛丽皇后"号停靠的地点——克莱德湾，与我同行的还有大批工作人员。我估计，除去约五十名皇家海军陆战队的勤务兵，随从人员的数量超过了二百名。这次会议讨论的内容包括首次打出小高潮的地中海战役、1944 年跨海峡作战部署、印度战场的所有作战指挥事宜以及我们在对日战争中扮演的角

色。盟军最高统帅的参谋长摩根中将派遣三位长官与我们同行，共同探讨跨海峡作战事宜。摩根中将是否出任最高统帅还不得而知，但此前联合计划的大纲是由他和英美联合参谋人员共同完成的。为了方便我们审查印度战场和远东战场的所有事宜，我专程邀请军事作战处处长韦维尔将军从印度搭乘飞机过来与我会合。

另外，我也带上了一位名叫温盖特的青年准将。他是非正规军的领袖，在埃塞俄比亚久负盛名，曾在缅甸的丛林作战中立下赫赫战功。近来取得的这些辉煌战绩为他在陆军部队中赢得了"缅甸克莱夫"①的美誉。对此我有所耳闻，也知道犹太复国主义者有意培养他成为首任以色列军队总司令。我召唤他回国，想在赶赴魁北克之前见他一面。8月4日晚，我正准备独自用餐，接到消息说他已乘飞机抵达唐宁街官邸，于是我立刻邀请他共进晚餐。在我们会面的短短半小时内，我感觉自己面对的这个人气度不凡。他侃侃而谈，解说如何在丛林战中智取日军——空降远程突击部队偷袭敌人后方。我对此兴致盎然，听得入了迷，希望他也能向三军参谋长们讲述他的故事。

我立即决定带他前往魁北克。我告诉他火车将于十点钟出发，当时已经快九点了。温盖特刚刚结束三天的飞行，从前线回来，除了身上的衣衫别无他物。他当然很乐意前往，只是本来打算给身处苏格兰的妻子一个惊喜，现在却不能相见，倍感遗憾。此时我的私人办公厅立刻做出反应，处理了这个问题。警察将在家中熟睡的温盖特夫人叫醒，并护送她到达爱丁堡，准备在此搭乘我们乘坐的火车，与我们会合后一同前往魁北克。她直到清晨在韦弗利车站上见到了丈夫之后，才明白发生了什么事。他们一起度过了愉快的旅程。

我知道罗斯福总统求贤若渴，尤其是像温盖特这种年轻的英雄人物。我还邀请了最近率领空军部队成功破坏莫内和埃德尔水坝的空军中校盖伊·吉布森与我同行。这些水坝是众多河流和运河的源头，灌溉着众多良田，也为鲁尔工业区供水。为了破坏这些水坝，我们研发

---

① 罗伯特·克莱夫，英国人，长期在印度活动。

了一种新型水雷，它必须在低于六十英尺的低空投放才有效。经过数月的集中演练，5 月 16 日夜间，皇家空军第六百一十七中队的十六架"兰开斯特"式轰炸机展开了空中攻势。有一半的飞机被击毁，但吉布森一直在坚持，在枪林弹雨中盘旋于目标上空，指挥着轰炸机队作战。现在他胸前佩戴的勋章令人眼花缭乱，其中有维多利亚十字勋章、殊勋勋章以及特殊功勋飞行十字勋章——只缺绶带，但这已经无人能及了。

我的妻子与我同行，我的女儿——现任高射炮连的尉官——担任我的侍从官。我们于 8 月 5 日起航，与以往不同的是，此次的目的地是新斯科舍省的哈利法克斯港而不是纽约。

＊　　　＊　　　＊

"玛丽皇后"号破浪前进，船上的生活舒适无比，饮食与战前无异。像往常一样，我们在旅途中马不停蹄地工作。护航巡洋舰上配备了发送电报的设备和大批密码电务人员，因此我们能够随时知悉外界的重大事件。我每天都和三军参谋长研究那些即将与美国朋友讨论的问题，其中当务之急是"霸王"作战计划。

我利用五天航程中的闲暇时间来进一步思考和完善跨海峡作战部署。自 1940 年战争在挪威和法国沿海一带拉开序幕以来，我们一直持续地从事研究工作。随着工作的深入，我们对两栖作战有了更深刻的认识。当时我成立了联合作战机构，并委托我的朋友海军元帅罗杰·凯斯爵士负责，这个机构发挥了重大作用，而且发明了一种新的战术。突击队的小规模行动为大举进攻扫清了道路，这不仅为我们树立了信心，积累了经验，而且向全世界表明：即便我们已四面受敌，但绝不会坐以待毙。当时仍保持中立态度的美国得知这种新型的进攻策略后，也因地制宜地大规模效仿。

1941 年 10 月，海军上校路易斯·蒙巴顿勋爵接替凯斯海军元帅。我们仍未解困，而我们唯一的盟国——苏联也自身难保。但我仍然决

定，一旦形势好转，我们就进攻欧洲大陆。首先，我们必须加强进攻的力度，扩大范围，从整体上扩大这次战斗的规模。其次，我们必须研发新的武器，才能实现三军一体化作战，成功地从英国发动进攻。同时，我国工业应予以大力支持，英伦三岛也应全民武装，时刻准备发动史上最震撼的海上进攻。

蒙巴顿在上任前，来契克斯拜访过我。根据他的记述，我当时对他说："你要策划主动进攻，摒弃被动防守的思维。"这句话成为他的行动指南。我任命他为三军参谋长委员会委员，并授予他海军中将的临时军阶和其他军种的同等名誉军衔，以便他在执行任务时拥有充分的决策权。另外，我以国防大臣的身份直接对总部负责，因此他在必要时可以直接向我个人汇报。在挪威的瓦格索、布伦埃瓦、圣纳泽尔等地的战斗中，突击队发挥的作用日趋显著。1942年8月，经过浴血奋战，我们终于在迪埃普的进攻中获胜，战事达到了高潮。此后，当我们过渡到英美大举进攻的战役时，我们充分利用此前在北非的登陆以及地中海两栖作战的经验。蒙巴顿领导的机构在这些军事活动中都扮演着举足轻重的角色，发挥了不可或缺的作用。

1942年5月，"联合司令部"应运而生，负责研究这个问题。该机构包括本土总司令和蒙巴顿将军，后来指挥驻英美军的艾森豪威尔将军也加入了。1943年1月的卡萨布兰卡会议决定，由英国指挥官领导的盟军联络参谋部来筹备"霸王"行动。这个组织由最高盟军司令部参谋长摩根中将负责，在伦敦以"科萨克"为代号展开工作。

首要问题是如何选取最佳登陆地点，有以下几个选择：荷兰或比利时的海岸、多佛尔海峡、索姆河口与塞纳河口之间的地带、诺曼底、布列塔尼半岛。这些地点各有优劣之处，必须结合航向和各种不确定因素来综合考虑，比如海滩、天气和潮汐、修建机场的地点、航程的远近、附近可攻取的港口、后续作战区域的特性、本土飞机所能提供的掩护、敌人的部署和布雷区与防御工事。

经过对比，我们决定在多佛尔海峡和诺曼底当中二选一。前者的优势是有优良的海上通道和一流的空中掩护，但敌人的防御工事也是

最坚固的。摩根将军和他的顾问推荐诺曼底海岸，蒙巴顿也从一开始就赞成这个主张。这无疑是一个上策，在诺曼底登陆胜算最大，因为与多佛尔海峡相比，此处敌军的防御能力较弱，而波浪和海滩的规模大体上符合作战要求，科唐坦半岛也一定程度上阻隔了来自西面的狂风。海岸内陆平坦，便于短时间内部署大规模部队，与敌人的主力部队也相距甚远。因此可以考虑在作战初期包围和夺取瑟堡港口，这样一来就能包抄布雷斯特。

勒阿弗尔和瑟堡之间的海岸虽然都是铜墙铁壁，但这个长达五十英里的半月形海滩内并没有驻守大规模的部队，因此我们判断德军无法派遣大量军队支援海岸前线。他们的最高指挥官一定思量过，"这个地方最多容纳一两万入侵敌军，即使敌军占领瑟堡并将其作为基地，他们的军队也无法登陆以及获得供给。要攻陷这个海岸很容易，但若想要施展拳脚，开展大规模行动却很困难"。我们只有攻下能容纳庞大军队的港口，才可以组织队伍发动攻势。

*　　　*　　　*

当然，如读者所见，我密切关注着登陆艇和坦克登陆艇的一切设想，我也一直支持建造延伸出海面的直码头。我在 1942 年 5 月 30 日的会议讨论中做了记录，之后还做了很多工作去推进这一计划的实现。

首相致联合作战部司令：

　　　船必然会跟随潮水的涨落而上下浮动，因此务必解决锚的问题。船上必须安装一个舷侧吊门和长度超过码头上的系船用具的吊桥。我会找到最佳的解决方案，不必再争论这个问题，困难本身会指引着大家去解决问题。

随后大家转变思维，开始考虑用防浪堤圈出一大片水域，即通过堵江船将阻隔物运输至现场，再在预定的水域边界凿沉这些船只。

1943 年 6 月，时任摩根将军手下海军参谋长的休斯·哈利特海军准将首次提出这一设计理念。后来经过人们不断地想象、改进和试验，1943 年 8 月，关于如何建造两个规模完备的临时港的整套计划终于成型了。登陆后，几天内就可以将这种临时港搭建起来并投入使用。我们将其称为"桑葚"计划，这个代号足够隐秘，从字面上完全看不出它的性质和目的。

* * *

旅途中的一天早晨，当我还舒服地躺在宽敞的床上时，麦克莱恩准将和摩根将军手下的两名军官应邀而至。他们铺开一幅宏伟的地图，神情紧张却思路清晰地向我讲述着跨海峡进攻法国的计划。读者们或许对于 1941 年和 1942 年间围绕这个核心问题进行的各种争论并不陌生，但这是我第一次听到这么完整和细致的阐述，人数和船只吨位都非常精确。这是英美两国的军官们长期研究的成果。

接下来几天，我们集中讨论一些技术性较强的细节。英吉利海峡的潮汐浪涛超过二十英尺，冲刷着海滩沿岸。天气变幻莫测，狂风在短短几小时内就能掀起巨浪，对脆弱的人类建筑造成难以抵挡的冲击。我们的墙上有一些粉笔字样——"立刻开辟第二战场"，真正长期为之所困扰的人不是书写这些文字的人，而是我。

我们在"桑葚"计划中面临复杂多样的问题。整个计划涉及在英国建造大规模的特殊器具，所需钢铁和混凝土总量超过一百万吨。如果以一级紧急工程的要求执行，目前已加班加点的机械工业和船舶修理业将倍感压力。届时，所有的设备都将通过海路运输至作战现场，并在变化莫测的天气和敌军突袭的挑战下，以最快的速度组装起来。

整个工程气势恢宏。我们将优良的码头搭建在海滩上面，它延伸出海面的一端浮于水面，并得以遮蔽。不管潮涨潮落，海船和登陆艇都能在码头上顺利卸船。为保护码头不被狂风巨浪冲垮，我们将建造一个往海上伸展的深弧形防浪堤，从而形成一大片有遮护的水域。如

此一来，吃水深的船舶就能在此停泊和卸载，各种类型的登陆舰也能自由地出入海滩。这些防浪堤由两部分组成，分别是代号为"不死鸟"的沉水混凝土结构，以及运输这些混凝土至指定地点的沉船（代号为"酷栗"）。我在前文中曾经描述过类似的结构，我觉得在第一次世界大战中，人们原本应该采用这种结构在赫尔戈兰湾内建造人工港口。现在它们已经成为这个宏伟计划的重头戏。

＊　　　＊　　　＊

这就是"桑葚"计划，当然它还有待进一步完善。比如，码头没有足够的空间容纳我们的船只，因此很多船只被迫在港外卸载。为了确保这些船只和大量海军舰艇的安全，有人提议筑造一个漂浮的防浪堤。我们讨论了几种方案，其中一种是在海底安装若干管子，借用管子喷出的气泡所形成的连续不断的屏障来阻隔波浪。我们希望这道屏障可以打乱波浪起伏的节奏，并削减它的力量。另外一种设备名为"利洛"，即在半膨胀的气袋下面悬挂混凝土帘幕，并把帘幕浸泡在水中。这些气袋被固定在防浪堤朝海的一面，圈出另一片大面积的水域。但是最后这两种方案都没有被采纳，而是采用了一种叫"喇叭"的设计，它与"利洛"有一些共性。"喇叭"是一个长约二百英尺，高约二十五英尺的十字形钢制结构，除了顶部，其他部分都被沉入水中。结果这种设计的实用性遭到质疑，我们在后面就会提到。

在我的全力协助下，罗斯福总统充分了解了这个计划的所有细节，我感到很欣慰。起码，美国当局可以看到我们对"霸王"行动的诚意和在准备工作中的全心投入。我从伦敦和华盛顿召集相关方面最顶尖的专家来魁北克共商大计。他们可以群策群力，就许多技术问题提出最优质的解决方案。

现在我也认同突袭勒阿弗尔—瑟堡地区会带来许多好处。如果我们一开始就能另辟蹊径占领这些海港，配备了大量现代装备和辎重的一二百万大军就能够顺利登陆并继续前行。这意味着每天的卸载量可

达到一万二千吨。

* * *

与此同时，我正在思考的另外一个问题是，如何维持我们在战区的空中优势？如果我们能够建造漂浮飞机场，就能在袭击目标附近的着陆点为战斗机续油，那么我们的空军就能在关键时刻如虎添翼。在繁忙的航程中我们对比了多个方案，其中有一个名为"哈巴卡克"的方案，其灵感来源于蒙巴顿将军的部下派克先生。他的设想是用冰制成庞大的飞机跑道。这个物体的结构类似于船，排水量达一百万吨，低速自驱前行，自带防空设备、车间、修理设备以及一座迷你的散热工厂来预防冰块溶解。他发现，在普通海冰中加入一定比例的各种形态的木浆，混合物随即失去冰块本身的易碎性，变得坚韧无比。这种以发明者名字命名的物质"派克里特"似乎能满足我们在欧洲西北部和其他地区的需求。实验表明，冰块溶解后，纤维质会迅速形成毛茸茸的外层，这种外层的绝热性能大大延迟融化的过程。随后，研究人员在加拿大进行了许多相关的研发工作，但由于各种原因并未成功。

* * *

我对三军参谋长和计划的制订者提出的三个重要设想表示完全同意。后面我们会看到，美国人和苏联人对这些设想也分别表示了赞赏和接受。

　1. 在展开突袭行动之前，必须在实质上削弱德国在欧洲西北部的战斗机力量。

　2. 作战开始时，德国在法国北部的机动师不能超过十二个；必须阻止德国在接下来的两个月重组十五个师。

　3. 必须在英吉利海峡滩头克服潮汐的影响，维持大规模

军队的长期供给。要实现这一点，我们必须建造至少两个有效的人工港。

＊　　　＊　　　＊

关于印度和远东战场的事务，我也与三军参谋长展开多次讨论，情况不甚理想。1942 年，我们派出一个师沿着缅甸的阿拉干海岸前往夺取阿恰布港口。尽管兵力经过加强达到整整一个军，但欧文将军指挥的这场战斗还是以失败告终，部队被迫返回印度边界。

虽然情有可原，但英军最高司令部对日作战的问题还是值得检讨。我们需要扩充部队，集思广益。印度战场的总司令在负责众多任务的同时还要指挥缅甸的作战，我一直觉得这样的安排是欠妥的。在我看来，要对东南亚的日军开展大规模且颇有成效的进攻，就必须单独设立最高盟军司令部。三军参谋长也充分认可这个提议，并将它付诸笔头，记录在备忘录，准备与身处魁北克的美国同僚们进一步讨论。由谁来出任新战场的指挥官还不得而知，但我们认为这个人必须是英国人。在推选的名单中，我坚信蒙巴顿中将能担此大任，因此我决定一有机会便向罗斯福总统推荐他。蒙巴顿中将的实际军阶只是皇家海军上校，要将他提拔为主要战场的最高司令官并不符合一般的流程，但我精心准备了说辞游说总统，最后得到总统的欣然首肯也在我的意料之中。

＊　　　＊　　　＊

我为参谋长委员会拟订了一份关于计划和政策的备忘录，下面是部分摘录。

我们在与美国人会面之前必须明确：1. 关于东南亚司令部及最高司令官的总计划；2. 提出进攻方案，表明我们密切关注这场战争（虽然在某种程度上，我方确实该为这场战争的失败和拖沓承受指责）。

我觉得应该安排温盖特准将讲述他的事迹，并把他的报告发放给美国三军参谋长们参考，美国人才会相信我们对东南亚战线足够重视。阿拉干海岸的军队应该养精蓄锐，而阿恰布的两栖战役则应该适可而止，这样做不仅是为了配合主战场地中海战役，更重要的是这次行动本身就是一次失误。我们选择了在错误的地点展开攻势，敌人厉兵秣马，随时准备重锤反击，而我们却主动送上门去，这样做毫无战略意义。

1943 年 8 月 7 日

* * *

如果一个人在航程中废寝忘食地工作，根本就不会意识到时间的流逝。我本来指望着能忙里偷闲，在战争的纷扰中清闲片刻，但也未能如愿。当我们驶近目的地时，才意识到假期还没开始就已经宣布结束了。

第五章

FIVE

魁北克会议

到达哈利法克斯港——英美联合参谋长委员会关于"霸王"作战计划的报告——对日战争的主要战略——建议英军攻打苏门答腊——英国要求分担对日本的主要进攻——蒙巴顿被任命为东南亚司令官——艾森豪威尔准备进攻意大利——必须占领那不勒斯——对英国援军的估计使我感到不安——我下令大量增加援军

8月9日我们到达哈利法克斯港。庞大的海轮缓缓驶入码头，靠岸后，我们直奔专列。虽然已经采取严格的保密措施，月台上仍聚集了大量群众。我与妻子坐在列车尾厢的餐车里，人们环绕在车窗外，对我们示意欢迎。我组织大家合唱了《枫叶》和《哦！加拿大》这两首众人耳熟能详的歌曲。我担心《不列颠统治颂》不为他们所知，若能配上乐队演奏，他们一定会乐在其中。我们花了二十分钟左右与群众握手、拍照和签名，然后出发前往魁北克。

两天以后，我致电国王：

首相谨呈国王陛下：

1. 魁北克城堡深谙待客之道，各方面都招呼得很妥当。为罗斯福总统做出的安排也无可挑剔，他住楼上，为了方便他出行，各处都设置了坡道。我很感激陛下的周全考虑，同时也已致电总督，感谢他的热情接待。

2. 这次在加拿大召开的会议，尤其是魁北克会议，安排得非常及时。因为不少人蠢蠢欲动，我相信通过这次会议能尽快平复这些骚动。今早我会与加拿大内阁会面，下午约见

魁北克内阁，然后动身前往海德公园。

3. 我向副首相和外长提出关于蒙巴顿的问题，相信陛下也已知晓。目前我仍未得到答复，但我向罗斯福总统献计的想法愈发强烈。温盖特准将在这次行程中令所有人刮目相看，我希望他会给缅甸战役带来新的转机。

4. 陛下应该也得知我与"大熊"联络上了，我们恢复了对话，更准确的说是"对喊"。

1943 年 8 月 11 日

我也致电罗斯福总统：

前海军人员致电罗斯福总统：

在旅途中，我得以继续工作，结束了短暂而愉快的旅程。沃登①一家人热切期盼着能早日赶赴海德公园，我们预计 12 日下午到达。据说当地炎热，我们是否应该携带非常轻薄的衣衫？

1943 年 8 月 11 日

我的妻子不得已要在大本营休整一晚，隔天她就和我前往海德公园了。途中我们重访了尼亚加拉瀑布。记者们问我有什么感想，以下是我和记者的部分对话："我在 1900 年就到访过尼亚加拉瀑布，那时你还没出生呢。""那它有什么变化吗？""原理没变，水还是往低处流。"我们拜访总统府，直至 8 月 14 日才结束访问。天气确实很炎热，有一晚，我辗转难眠，呼吸不畅，干脆就坐在悬崖边上，俯瞰哈德逊河，直至东方发白。

---

① 指丘吉尔，"沃登上校"是丘吉尔的密码代号。—译者注

＊　　＊　　＊

与此同时，我撰写了一份总体战略部署的概况说明，于 8 月 17 日完成。眼下的重中之重是缅甸和印度洋在抗日战争中的态势以及我们在这两个地区的行动部署，稍后我会详述。日前西西里岛传来捷报，墨索里尼已垮台，我们理应乘胜追击，尽快攻占意大利。

倘若不日拿下那不勒斯（"雪崩"行动），我们会坐拥意大利最优良的港口，布林迪西和塔兰托等其他海港也会顺势落入我们囊中。如果 11 月前我军能一路高歌挺进北边的莱格霍恩—安科纳战线，地中海的登陆艇便能大显身手。我们在西西里战役已经见识过，登陆舰可以派出小分队实现两栖迂回作战，穿越亚得里亚海进行小规模袭击，胜任各种军事行动，比如"武士爵位授予式"行动（俘获罗得岛和爱琴海的部分岛屿）。意大利舰艇已经被歼灭，我们将大量削减分布在地中海的海军军力。同理，我军发挥海港的优势，便无须动用登陆舰。如此一来，我们应当有能力在秋末调回登陆舰和突击舰，为"霸王"行动配备武装。同时，派出一支分遣队穿越苏伊士运河，直抵印度洋战场。但我重申一次，每艘登陆舰配备的军力限额为三万人。

虽然我曾多次提到今年之内要攻下意大利的波河或阿尔卑斯山脉，但目前还未见端倪。如果我们止步于莱格霍恩—安科纳战线，便可以避免威尔逊将军提及的危险：一旦越界，战线就拉得太长了，很难收拾局面。据估算，大概要组建二十二个师才能铺开这条广泛的战线。那么守住莱格霍恩—安科纳战线需要多少兵力？如果我们无法组建精兵强将，那就迂回地招兵买马。一方面，我们可以挑唆萨瓦和法国的阿尔卑斯人民进行起义，然后从空中支援他们，以此获得他们的联盟。另一方面，我们也可跨过亚得里亚海，鼓动巴尔干半岛掀起爱国运动热潮。为了确保"霸王"行动的大局不受干扰，我们必须在兵力上退而求其次。

*　　*　　*

8月17日，代表团陆续抵达魁北克，罗斯福总统与哈里·霍普金斯齐齐现身，英方的艾登和布伦丹·布拉肯也接连登场。随着各方代表聚集，我们对意大利和平运动的最新进展有所耳闻，意大利即将投降也成为我们对话的共识。我方三军参谋长从8月14日起与美方代表在大本营进行会谈，共同起草1943至1944年的战略部署。实际上，"四分仪"是一系列技术性会议，我会分别在与罗斯福总统和英方三军首脑会议上，对这些技术报告进行核准。

首次全体大会在8月19日召开。会议将"霸王"行动的最高战略重点确定为对德国展开联合轰炸攻击，并认为这是"霸王"行动成功的先决条件。经过长时间的讨论，会议落下帷幕，参照摩根将军在伦敦做出的联合计划，各国达成共识。三军参谋长们汇报如下：

"霸王"作战计划

1. 此次行动以英美陆空军队为主力，进攻欧洲轴心国（1944年5月1日发起攻势）。首先争夺足够的海峡港口，然后占领有利于我军支援陆空作战的区域，紧接着组建强大的法国盟军。此次行动意在直击德国要害，捣毁其军事力量。

2. 为"霸王"行动组建力量均衡的地面部队和空军，不断规划和维护英国现有的部队力量，时刻就位，看准时机，跨越海峡，突击法国。

3. 如果"霸王"行动与地中海行动在资源调配上出现短缺，应以"霸王"行动为首要考虑，及时调兵遣将和输送物资，确保其成功。地中海行动所需要的兵力可以按"三叉

载"会议（5月在华盛顿召开）制定的配额来安排，若联合参谋长委员会决定增减则另当别论。

我们已经通过了摩根将军制订的"霸王"行动初步计划，并授权他继续完善计划，做好充分准备。

这几节内容在会议中引起一些争议。我的观点是："霸王"行动成功与否，在于我们是否能运用相关力量去创造更好的条件。我要强调一点，对1942年的"大锤"行动和1943年的"围歼"行动我都予以否决，但我非常看好本次"霸王"行动，也收回过去我对横跨海峡作战的反对意见。我认为要全力以赴，将首次进攻的作战力增强百分之二十五。这就意味着我们需要更多的登陆舰。距离作战还有九个月时间，期间大有可为。选取的海滩很理想，但如果能同时登陆科唐坦半岛的内部海滩就更好了。最重要的是，首个据点必须要固若金汤。

我与总统经商议决定，既然美国已经在非洲拥有指挥权，"霸王"行动的统帅应由英国人出任。出于这个考虑，我提议由英国总参谋长布鲁克将军担任此职，罗斯福总统也表示同意。大家应该还记得，在前往敦刻尔克途中的那场决战中，布鲁克将军指挥一个军作战，而当时亚历山大和蒙哥马利只是他的副手。对于此次任命，我在1943年年初也知会过布鲁克将军。虽然最初约定英美双方派出同等兵力出战，但此次行动以英国为大本营，所以这样的安排十分合理。然而，在1943年过去几个月以后，当庞大的进攻计划开始确定时，我愈发清楚地认识到：在英美双方兵力成功登陆之后，美军的优势会凸显出来。于是，我日前在魁北克也主动向罗斯福总统提出，法国战役应由美国将领来统帅。他对于我的提议相当满意，我敢说他早就动了这个念头。最后，我们协议"霸王"行动交由美方负责，地中海战役的指挥权则交给英国，至于实际移交的日期，应以战争的进展情况来定夺。1943年8月，我把这一变动转告给我的亲信布鲁克将军，并向他解释了缘由。他深感失望，但碍于军人的尊严强压怒火。

*　　*　　*

三军参谋长指出，我们未来对意大利作战可分为三个阶段。首先，我们将意大利逐出战场，在罗马设立机场，如果条件允许，可以尽量往北推进。我向大家表达了我的坚定立场，即止步于安科纳—比萨这条线。其次，我们应该夺取撒丁岛和科西嘉岛，然后强势挺进德国北半岛向其施压，阻挠德军对"霸王"行动进行反击。此外，还有后来引起了诸多争议的"铁砧"计划——意欲在法国南部土伦和马赛附近登陆，沿罗纳河谷北上进军。针对如何从空中支援巴尔干半岛和法国的游击队，加强反潜艇战，充分利用亚速尔群岛作为海军和空军基地等问题，众人纷纷献策。

*　　*　　*

对于东南亚司令部这件头等大事，会议讨论了英国三军参谋长的最初提议，最终同意任命最高司令官这一计划，同时也提出了如下建议：

1. 英美联合参谋长委员会将统筹东南亚战场战略，以及协调其与东南亚司令部之间的英美资源分配问题。
2. 英国三军参谋长委员会有权处理作战的一切问题，并且所有发给最高司令官的指令也必须通过委员会。

*　　*　　*

在讨论远东战略各种事项的第一次全会上，大家争论不休，委员会接下来几天的工作重点便是平息这些争端。必须采用海上力量摧毁日本岛国，因为只有首先征服日本海域，陆军才能发动进攻。关于如

何部署空中武器也众说纷纭。罗斯福总统的亲信认为我军进攻日本大陆是一场激烈持久的战斗，因此主张从缅甸正面攻击。从政治的角度来看，这对美国人确实很有吸引力，但他忽略了一个事实——不可能在缅甸的丛林中部署大量陆军，况且大部队人员还要英国负责征集。此外，实力强大的日军此时正在中国境内沿内地交通线展开侵略活动。更重要的是，经验告诉我们，尽管英美海军实力见长，但打击这种进攻行动仍收效甚微。

另外一种方案即，我们可以出动海军和海岸空军，直接在海上攻打日本在太平洋中部和南部的岛屿堡垒。首先拿下菲律宾，让美国人尝到甜头。一旦菲律宾再次落入美国手中，日军的重要供给线便被切断，驻扎在荷属东印度的边远岛屿上的防守军队也被阻隔，无法提供任何支援，日军将弹尽粮绝，不战而败。

这样一来，我们便可以以菲律宾为基地，包抄日本本土。我们有必要在日本南面的各个小岛建立新基地，一旦这些基地完工，我们就可以对日本展开全面进攻。这个看似大胆的谋略，以美国实力雄厚的海军做保障，胜算就更高了。我们必须先动用大量的海军力量，到最后阶段才需要出动大规模陆军。届时，希特勒被打垮，英美的主力部队就可以集中猛攻日本了。

在三军参谋长委员会最后几次会议中，我迫切地向众人陈述我在这个问题上的立场。英国战略策划者提议在来年冬天将温盖特将军的作战范围扩大到缅甸北部，我认为应该同时夺取苏门答腊岛的尖头地带以配合作战。我在会议中阐述我的观点："应该在 1944 年进攻苏门答腊，因为这是我们的一次重大战略性袭击。此次命名为'长炮'的战役堪比印度洋上的'火炬'行动，一切都在我们的掌控之中。我们应该攻下一个据点以遏制日本人的行动，日本船队若想摆脱我军从苏门答腊发动的空中围攻，就必须攻破我们的据点，杀出重围。"罗斯福总统似乎认为这次行动与我们攻打日本的作战方针背道而驰。我指出，若不是这样，未来整整一年，除了占领无关紧要的阿恰布港和在缅甸的沼泽和丛林中疲于奔命，我们将别无所获，更何况连重新收复阿恰

布港也未必是板上钉钉的事。苏门答腊计划一旦成功，它所带来的决定性影响可比拟 1915 年的达尼尔海峡战役，因此我充分肯定它的价值。但是，为了收复阿恰布港就在印度洋赌上我们所有的两栖力量连续作战两年，我认为也是不恰当的。

第二天我记录道：

首相致伊斯梅将军，转参谋长委员会：

　　关于在阿恰布港和"长炮"作战计划中采取什么策略，我们还没有充分研究，内部也没有取得一致意见。我至今还在研究当中。此时此刻，我们与美国人不可能做出任何决策。我希望三军参谋长能充分考虑我的立场，在美国人的层面上做出的决策，不应该由我个人来承担责任，我会果断拒绝这一不合理要求。否则，我们回国后必须将整个事件移交给战时内阁处理。我重申我们在上次会议中的立场——经由仰光上溯伊洛瓦底江向曼德勒和曼德勒以北地区展开攻势对我们百害而无一利。占领阿恰布港之前必须要经历这样一场战役，否则便是干了一件蠢事……

　　希望到明年的这个时候，"长炮"计划已取得圆满成功，到缅甸的交通也得到最大程度的改善，届时敌方的反应一目了然，有助于我们判断及自由选择在何处展开下一次两栖作战。

1943 年 8 月 20 日

两天后，我向国内拍发了下列电报：

首相（在魁北克）致副首相：

　　1. 罗斯福总统和马歇尔将军热切关注蒙巴顿将军的任命。美国政府当然会欣然接受这个安排，我们的三军参谋长们也表示赞同，毕竟死气沉沉的印度战场迫切需要一个年轻有为、朝气蓬勃的人物。我责无旁贷，向国王正式提议任命并呈报蒙巴顿的名字。蒙巴顿若与温盖特强强联合，我们的未来将一片光明。我认为很有必要在会议结束的几天内发布一个公示，昭告天下，以争取所有同僚们的认可。

2. 东南亚司令部这个棘手的问题也得到圆满的解决。英美联合参谋长委员会将共同制订战略规划，包括兵力和供给分配的细则，随后提交给各自政府进行核准。但所有的作战指挥事宜一律由英王政府领导下的英国参谋长委员会进行决策，所有的命令也必须通过他们。

3. 缅甸北部的洪灾打乱了我们的作战计划，至于行动推迟到何时进行，目前还没定论。1944年的两栖作战中，是否将"长炮"行动的第一阶段作为作战首要目标也仍然需要进一步的探讨，我们还需要至少一个月的时间进行深入研究。目前对话的氛围仍然是友好的。毫无疑问，美国三军参谋长委员会对我们在对日作战计划中展现出的浓厚兴趣表示充分肯定。宋子文将于周一抵达，但他将获取的情报原则上不会超出我电报内容的范围。

4. 马歇尔将军已同意我指派一名将军级别的英国联络官替代我驻扎在麦克阿瑟将军的参谋处，这样，我们就能更便捷地获悉战况。伊瓦特博士在伦敦时，我与他讨论了此事，他表示全力支持。现在我正致电柯廷，告诉他，这会让我们更加了解太平洋战争。

5. 艾登和赫尔在漫长的讨论中僵持不下。赫尔始终拒绝在文书中"承认"法兰西民族解放委员会。于是，我们一致商定，知会苏联及其他相关国家之后，英、美、加三国可自行拟定文件。艾登正着手处理此事。我直言不讳地告知总统他们一定会遭到舆论的谴责，但他却说他们宁愿留一手，以备不时之需，在必要的时候制衡戴高乐。我们当然持不同立场，在法兰西民族解放委员会和桀骜不驯的戴高乐之间，我

们给予了后者更多的帮助。

1943 年 8 月 22 日

*　　*　　*

关于在对日作战中，双方各投入多少兵力，我们展开激烈的讨论，期间发生了一个有意思的小插曲。英美联合参谋长委员会成员背后都各有一群参谋员（十二至二十人），他们一言不发，看似忐忑不安，眼中又透着光亮。主席发言道："我们讨论这个问题时，参谋人员最好能离场。"于是，高级参谋们立即有序地移步到另一间会客室。像往常一样，双方经过商谈达成一致意见。联合指挥官的身份为蒙巴顿在英国三军参谋长委员会中赢得一席之位。他借此向主席提出是否可以向大家展示我国科学家所发明的名为"派克里特"的混合冰。得到准允之后，他的一名参谋把一辆大型食品车推了进来，上面放置了两块高约三英尺的冰，一块是普通冰，另一块则是"派克里特"①。他邀请现场最壮实的人试着用一把特殊砍刀把每块冰砍成两半。大家一致认同阿诺德将军是"最壮实"的人，于是他脱掉上衣，挽起袖子，抡起砍刀，一下就把普通冰块劈成两半，他转身朝大家笑了笑，双手合十，紧握砍刀，走向"派克里特"。他再次挥动砍刀，但砍下去的瞬间发出惨叫声，"派克里特"几乎完好，而他的手肘却被震得疼痛不已。

这时，蒙巴顿从口袋中掏出手枪，准备上演另一场好戏，让大家见证"派克里特"如何抵抗枪炮的力量。他首先开枪射向普通冰块，冰块被击碎了。然后他朝着"派克里特"开枪，这一次，由于冰块过于坚硬，子弹被弹回来，差点伤着波特尔空军元帅。

在外面等候的军官们被敲打声和阿诺德将军的惨叫声搅得心慌意乱，枪声一响，他们更是胆战心惊。其中有一名军官大声喊道，"天哪！他们居然还开枪了！"

①　"哈巴卡克"设计中所用的一种特殊物质，以发明者派克先生的名字命名。

在朝不保夕的战争年代，谁不想找点乐子呢？——这就是一个机会。

* * *

实际上，在英美联合参谋长委员会之间争论的焦点是，英国要求在打败德军之后，能够在对日作战中获得充分、公正的地位。英国提出以下要求：与美军共用飞机场；给皇家海军配备一部分基地；消灭希特勒之后，应该给调往远东的各部队分配适当的任务。最后美国人让步了。我曾经力促三军委员会成员们要在这个问题上据理力争，虽然不至于诉诸武力，但一定要强硬到底。因为战争进行到这个阶段，我最怕的是美国评论家们会说："英国人借助我们的力量打败希特勒之后，会过河拆桥，在对日战争中置身事外，不管我们死活。"然而，魁北克会议已经将这种猜忌消除。

* * *

8月23日傍晚，我们召开了第二次全体会议，讨论英美联合参谋长委员会草拟的最终报告。文件重申了我们在第一次报告中提出的、经过我们修改的几个要点，同时还详细阐述了关于远东作战安排的预案。草案并未对实际作战行动做出确切的部署，但已经达成一致意见，决定作战方针以进攻为主，同时改进和保卫航空线。在对日战争的"全面战略概念"中，将制订战略，确保在德国溃败后的一年内击败日本。在制订战略上讲究时效，而不是以旷日持久的思维去作规划，这一点令我非常欣慰。

我在开会前向罗斯福总统提出另设一个东南亚司令部的总方针终于得到了总统的首肯。我迫切希望尽快就这个决定发表声明。通过公示，更多的人会了解对日作战问题是"四分仪"会议的重要议程，也能充分解释为什么苏联未能参与讨论。大多数的与会者都认同这种

做法。

＊　＊　＊

现在我宣布印度总督关于成立东南亚司令部和任命蒙巴顿为最高司令官的决议。

首相致印度总督：

我们目前已经组建了东南亚司令部，它独立于印度司令部。当初我任命韦维尔陆军元帅为总督时曾经暗示过这个问题。设立一个由英国司令官统领的联合司令部（性质与北非的联合司令部类似）给我们带来很多好处。在过去的几周中，我们和美方就司令官人选一事有过一些讨论。经过深思熟虑，我决定推选现任联合作战部司令官的路易斯·蒙巴顿勋爵担此重任。蒙巴顿资历优厚，因为他既熟悉海陆空三军的操作，也深谙两栖作战行动。他在三军参谋长委员会任职将近一年半，从这个核心组织中了解了我们的战争全局。这一点很关键，因为东南亚海陆前线形势极端复杂。蒙巴顿组织能力过人，精力充沛，处事果敢。对于此次任命，罗斯福总统和美国三军参谋长举双手赞成。于是，经过内阁的准许，我按流程向国王汇报了情况，同时也将这个信息告知于你。有必要在这次会议之后将此次任命公诸于众，具体的时间是明天，8月25日。

1943 年 8 月 24 日

第二天我致电国内的同僚们，内容如下：

首相致副首相和战时内阁专电：

1. 这里一切进展顺利，东南亚司令部、"合金管"，以及关于承认法兰西民族解放委员会等一系列棘手的问题都已经迎刃而解了。在最后这个问题上，赫尔冥顽不化，闹得双方很不愉快，最后他还当着外交大臣的面拂袖而去，令对方尴尬不已。联合参谋委员会共同斟字酌句，就双方取得的一致协议起草了一份报告，我和罗斯福总统阅读之后都表示赞许。除了在孟加拉湾的两栖作战方式仍有待进一步研究，其他的问题都已谈妥。我认为随着时间的推移，这也是水到渠成的事。麦肯齐·金和加拿大政府志得意满，感觉自己真正"受到重视"了。

2. 现在美中不足的是苏联目中无人的态度愈演愈烈。相信你已经看到斯大林关于意大利提案的电报。此前苏联政府已经欣然同意无条件投降的条款，现在我们只不过是将这些苛刻的条例交给意大利代表而已，也在第一时间向斯大林汇报了这些情况，现在他对我们的无端指责是站不住脚的。

3. 罗斯福总统被这种挑衅的语气激怒了，他交代有关人员告知新的苏联代办，说他人在乡村，一时半会回不来。为了促成三巨头聚首，我们表示愿意再次长途跋涉，披荆斩棘去与他会面，不出所料，斯大林对我们的提议置之不理。尽管他与我们交涉时气急败坏，粗俗无礼，但并不意味着他有意与德国单独和谈，因为这两个民族早已老死不相往来。与这些人多次商榷无果，令人忧心，但我与英国政府无论在耐心和诚意上都表现得无可挑剔。

4. 会议工作繁重，我被众多难题所困扰，感到身心疲惫。我希望我的同事们能允许我在星期天发表广播演说，并允许我在前往华盛顿之前，在山地露营中小憩两三天。除此之外，我还需着手准备9月3日在哈佛大学学位授予仪式上的发言，仪式结束后立即回国。除非意大利或者其他地区发生形势突变，我会继续逗留，与罗斯福总统共商大计。否则，我会在议会开始之前快马加鞭赶回来。外长将于星期六乘坐

飞机返回，他派卡多根与我随行，共赴华盛顿。

1943 年 8 月 25 日

　　回国以后，我召集拉姆斯登将军和卡顿·德·维阿尔特将军前往契克斯来与我会面，告知二人他们将出任联络官一职，分别前往麦克阿瑟总部和蒋介石处。他们都欣然接受了此次任命。拉姆斯登是我们最出色、战绩最显赫的军官之一。在战争之初，他与敌人首次交锋，便令我军装甲兵重振雄风。他很快便赢得麦克阿瑟将军的信任，并深受器重。然而，他却在 1945 年 1 月的一次突袭中牺牲了。在轰炸林加延湾时，日本的一架自杀式飞机袭击了战列舰"新墨西哥"号。当时英国司令官弗雷泽海军上将和拉姆斯登将军都站在舰桥上，他们分别走到舰桥的两端以便观察情况。一分钟后，自杀式飞机恰巧就坠落在拉姆斯登这一端，他和身边的人都被炸死了。他的死，无论于国家或是我个人，都是沉痛的损失。

＊　　＊　　＊

　　现在我们必须回到意大利战场。事与愿违，多数德国军队都成功渡过墨西拿海峡撤退了。8 月 10 日，艾森豪威尔召集司令官讨论几套强攻意大利的作战方案。敌军的部署是他考虑的首要问题。德军在意大利总共有十六个师，其中八个师在北部，归属于隆美尔麾下；罗马有两个师；南部有六个师，由凯塞林统率。另外，有二十个德国师已从苏联撤回法国重整旗鼓，这些部队必将增援目前在意大利的十六个精锐师，助其一臂之力。我们一时根本无法集结与之相匹配的同等兵力，但英美胜在拥有制海权和制空权，并在战斗中取得了主动。现在大家都赞同要对意大利采取激进的行动。我们希望首先攻占那不勒斯和塔兰托，因为这两个港口的规模合计起来与我们军队的需求相当。我们的一个主要目标是尽早占领飞机场，罗马附近的飞机场我们鞭长莫及，但福贾的一些重要机场却适于重轰炸机使用。同时我们的空军

也在意大利的踵形地区和萨勒诺附近的蒙特科维诺物色其他的机场。

艾森豪威尔决定于9月初跨越墨西拿海峡展开攻势，同时在卡拉布里亚海岸部署助攻力量。紧接着，占领那不勒斯（"雪崩"作战计划）行动正式拉开帷幕，英美各派一个军登陆萨勒诺湾海滩。西西里战役中我们占领的飞机场作为此次战斗机掩护的基点，覆盖的范围直至萨勒诺湾一带。登陆之后，盟军将尽快向北推进，夺取那不勒斯。

当英美联合参谋长委员会建议罗斯福总统和我许可这个计划，并批准攻占撒丁岛和科西嘉岛时，我们二话不说就照做了，因为这正是我努力争取早日实现的一个目标。按计划，我们将派遣一个空运师攻占罗马南面的一些飞机场。这个提议我们也接受了。后来这一计划被取消了，具体情况我将在以后的章节中叙述。

*　　*　　*

我们做出了非常理想的决策，一切都在顺利进行着。然而，快到8月底的时候，来自艾森豪威尔将军总部的一名英国军官带着令人不安的消息来到了魁北克。据他所述，到12月1日，才会集结六个师跨越墨西拿海峡，穿过卡拉布里亚，另外六个师将在萨勒诺登陆。对我们人力物力的实力和集结速度，竟做出如此低估的安排，我立即表示抗议。

首相致亚历山大将军：

1. 怀特利将军已将"湾城"和"雪崩"两个作战计划的日期和规模告诉我们，对此我深感不安，希望能通过您化解这种焦虑的情绪。假设我们成功登陆，并且胜战连连，那为什么需要花费两个半月或更多的时间才能上岸呢？既然我们已经在"雪崩"行动中成功占领了一个可用的港口和桥头堡，为什么所有师都需要经由卡拉布里亚行进，而不安排一部分部队由海路进攻？

2. 不仅如此，在我看来，12 月 1 日才在意大利本土集结十二个师也会带来非常严重的后果。第一，驻扎在罗马的意大利军队在对抗德军时无法得到有效援助，吉斯林①式的亲德政府随时可能成立起来，或者出现极端混乱的无政府状态，若全部撤离，局面会更加失控和恶化。第二，如果在 12 月 1 日之前仅在那不勒斯地区集结不超过十二个师，那么你们拿什么来抗衡德国人派出的大规模部队？据说德军目前在意大利半岛有十六个师。我认为他们的师并不是完整意义上的师。与之相反，他们可能只是领导机构或总部。但是，如果在三个月内不能解放罗马，获取与之相关的一系列政治和军事利益，后果将不堪设想。

3. 我希望在离开美国前能够得到你的回复，因为罗斯福总统也由于上述作战日期深感不安，如果这个时间表确实是实时的，已经在执行当中，那我们只能做最坏的打算。我希望你能够给我们一个更清晰的解释。

1943 年 8 月 26 日

我一回国立刻问责行政工作上的漏洞。早在 8 月 2 日，我就要求布鲁克将军着手处理改编装甲师一事，现在已见成效。怀特利将军传达的悲观预测也已经被破解了。英国第一装甲师重新装备，再次成为一支精锐的战斗部队。另外，已将配备了最高战斗力的两个波兰师、一个新西兰师及第四英印师被送往意大利。美国工程师确实技艺超凡，他们将那不勒斯港从一片废墟改造成了上等的港口。若不是 10 月初亚历山大的部队扩充了十万士兵，我们现在极有可能正面临着灭顶之灾，因为德军的精兵强将正如洪水猛兽般汹涌而至。

---

① 挪威国家统一党元首，第二次世界大战期间曾任挪威首相。因其在大战期间与纳粹德国积极"合作"，吉斯林的名字已成为"卖国贼"或"叛国者"的代名词。——译者注

第六章

SIX

意大利：停战协定

意大利提出媾和倡议——德意首领的终极会谈——巴多格里奥问题——巴多格里奥委派的意大利特命全权代表到达西班牙——给意大利特使的最后通牒——卡斯特拉诺将军在锡拉库扎签署停战条款——艾森豪威尔将军决定实施"雪崩"作战计划——德军包围罗马——意大利君主逃亡布林迪西——意大利舰队突出重围前往马耳他投降——希特勒下令解救墨索里尼——"百日丑剧"——意大利成为主战场

对于意大利投降的可能性，英美两国政府已做出周详计划。停战条款的起草工作已于7月底前启动，8月3日，我让战时内阁传阅了相关文件，以防"意大利随时向我们提出停战请求"。我们希望通过政治或者外交渠道而不是经盟军军事总部处理这一问题。同日，罗马方面首次提议媾和。英国驻里斯本大使向外交部报告：新任意大利公使馆参赞刚走马上任，想和他会面，并暗示其肩负着巴多格里奥政府①委派的使命。这名意大利外交官就是达叶塔侯爵，他也曾是齐亚诺的私人秘书。他有亲属在美国，本人也是美国外交官萨姆纳·威尔斯的旧识。在巴多格里奥政府的指示下，新任意大利外交大臣下令，命达叶塔前往里斯本执行此任务。次日，达叶塔受邀，前往英国大使馆。他没有提及停战协议，但向我们解释道，尽管国王和巴多格里奥渴望媾和，但为了避免德军在意大利发动军事政变，意军不得不假装继续作战。我们也从他的言辞中清楚地了解到，古阿里格利亚准备在意大

① 墨索里尼被软禁后，意大利成立了以巴多格里奥为核心的军事专制政权。——译者注

利北部同里宾特洛甫召开会议，企图缓解德军疑虑，对此，他希望盟国能够理解，不要产生误会。

我立即向罗斯福总统汇报了意大利此次访问的相关情况。

前海军人员致罗斯福总统：

据英国驻里斯本大使坎贝尔汇报，一名新任意大利公使馆参赞向他讲述了以下这一情况……因为事关重大，所以我将其转达给您。坎贝尔已经接到指示，不会对此发表任何评论。我们似乎从这一事件中看出了一丝端倪。我将出发前往魁北克，安东尼会留守此地，您可以与我们保持联系。

意大利国王和陆军首领此前一直在策划一场军事政变，但迫于法西斯大委员会的干预，这场政变也跟着提前了几天。意大利的法西斯主义得以消灭，各种残余势力得以肃清。一夜之间，意大利成为红色的海洋。都灵和米兰出现了游行示威，意大利为此出动了武装力量前去镇压。猖獗二十年的法西斯主义令中产阶级不复存在，国王身边聚集了大批爱国主义人士并已经掌控全局。德军在罗马周边部署了一个装甲师，一旦德军发现意大利方面出现动摇，就会立刻开进罗马。罗马城内散布着约一万德军，其中大多数德军持有机关枪。如果我们再次炮轰罗马，势必将引起群众的叛乱，届时德军将进军罗马并实行大屠杀，德军此前就曾扬言要在罗马投放毒气。意大利方面已经将尽可能多的军队聚集在罗马周边，但是他们无心应战。实际上，他们也没有武器，甚至无法与一个装备完善的德国装甲师抗衡。

在这种局面下，国王和巴多格里奥原本想媾和，但现在别无他法，唯有假装继续作战。古阿里格利亚或许将于明天会见里宾特洛甫，待会谈结束后必将发表公报，其中将会以迄今为止最明了的条款说明意大利仍是德国的积极盟友。但是这一切都是假象。意大利举国上下只渴望和平，尤其渴望

摆脱人人憎恨的德国。

如果我们不能立即在巴尔干半岛上攻打德军，从而迫使德国从意大利撤军，那么我们应尽早登陆意大利。然而，德军却决心死死固守该地，分毫不让。一旦我军登陆意大利，意大利方面不仅不会加以阻挠，甚至可能会积极配合。

自始至终，达叶塔都没有提及媾和条款，从他的言辞中，您会发现，他不外乎就是恳求我们尽快把意大利从德国手中解救出来。

他希望我方不要责难意大利国王和巴多格里奥，否则将招致大屠杀，但是轻微的责备却有助于他们维持对德投诚的假象。

1943 年 8 月 5 日

* 　 * 　 *

意大利相关政要渴望与盟军媾和，同时，意大利最高统帅部早已按捺不住要攻打德国。古阿里格利亚和意大利外交部却希望伺机而动，谨慎行事，以免激怒德国而遭到其报复。因此，尽管我方不清楚意大利最终会采取何种方式，但是我方已经与意大利的两名代表取得联系。德国也采取了同样的战略。8 月 6 日，古阿里格利亚与安布罗西奥将军在前线上会见了里宾特洛甫和凯特尔。这次军事讨论双方针锋相对，剑拔弩张。安布罗西奥要求意大利遣返驻扎在法国和巴尔干地区的部队。相反，凯特尔命令德国部队在边界蓄势待发，以期进攻意大利。同时，古阿里格利亚与里宾特洛甫展开了一次枯燥无味且毫无价值的会话，以期延迟德国对意大利的袭击。

* 　 * 　 *

8 月 6 日，意大利的另一个外交官伯里奥先生，得到巴多格里奥的直接指示，与我国驻丹吉尔外交代表进行交涉。意大利政府已经授权于他展开谈判。他再次请求宽限多些时间，并借此机会表达了双方应坦诚相待的愿望。当这个消息以及艾登先生的意见传到我这里时，我正在经由海路去往出席魁北克会议的路上。外交大臣写道："我方可以把这个消息当作是巴多格里奥政府在提议进行有条件的谈判……众所周知，我方坚持无条件投降，那么我方可否如此回复，即：巴多格里奥政府首先应该通知我方，意大利接受无条件投降。随后，如果巴多格里奥政府照做，我方随即可以通知他们，我方可以终止有关敌对意大利的条款。"

在看这条电报的时候，我用红笔在电报边上做了批注，"不要错失良机"，又写道，"如果他们立刻投降，我方应该准备将和解协约作为一种恩惠，而非用来讨价还价的砝码。"随即，我向外交大臣作出如下回复，落款时间是 8 月 7 日：

首相致外交大臣：

　　我方同意你的处理方式。巴多格里奥承认其将背叛某方，但是就他的利益立场和意大利人民的情绪来看，他很可能会背叛希特勒。我方能理解他的立场给他带来困扰。与此同时，我方还应该在美国允许的范围内对意大利作战。

1943 年 8 月 7 日

抵达加拿大当天，我又致电外交大臣：

首相致外交大臣：

　　1. 巴多格里奥必须向我方表明，准备毫无保留地将意大利交由盟军政府处置；而盟军政府也曾表明，希望意大利在新欧洲占有一席之地。

　　在这里还要提一下艾森豪威尔的提议，他认为，假如盟军战俘能迅速得到释放，那么盟军也会遣返他们在突尼斯和

西西里岛俘房的意大利战俘。

2. 以上是为了向意大利政府表明，如果他们正式表示屈服，在遇到军事需求时，我方愿意设身处地为他们提供援助。如果只是一味地重复"无条件投降"，而没有让其知道仁慈是一种恩典，那么将毫无屈服可言。罗斯福总统已经开始正式使用"光荣投降"这个词语，我也认为应该把这个词保留在我们现用的语言中。

3. 我们刚刚抵达哈利法克斯港。这次航行令人非常愉快，而且在旅程中进行的讨论也是硕果累累。

1943 年 8 月 9 日

我将艾登先生的复电转发给总统先生。

前海军人员（魁北克）致罗斯福总统：

艾登提议，英国驻丹吉尔代表应该对巴多格里奥特使伯里奥作如下答复：

巴多格里奥必须明白的一点是，对于意大利无条件投降，我方不做任何让步，也就是说，意大利政府必须将其交由盟军政府处置，这样，盟军政府才会提出条件。有了这些条件，意大利才能"光荣投降"。

他还提议：

同时我们要提醒巴多格里奥的特使：丘吉尔首相和罗斯福总统已经表明，和平重建之日，我们期待意大利适时在新欧洲占有一席之地；艾森豪威尔将军已经宣告，只要意大利释放英国和盟军的战俘，我们也将释放在突尼斯和西西里岛俘房的意大利战俘。

以上提议其实是从我们发表过的宣言中摘录出来的词句。由于我行踪未定，如果您大体上同意以上提议，那么请立刻致电外交部的艾登。如果您不同意以上提议，可以在我抵达

目的地之后再行商讨。但我认为应该尽快答复意大利特使。

1943 年 8 月 12 日

罗斯福总统致电艾登先生，表明同意以上提议。于是我方照此通知了意大利驻丹吉尔特使。

如今，意大利政府不再尝试这些试探性的接触，已经由意大利最高统帅部授权前任驻西班牙特命大使全权负责此事。8 月 15 日，安布罗西奥将军的总参谋长卡斯特拉诺将军拜访了英国驻马德里大使馆的塞缪尔·霍尔爵士。卡斯特拉诺说道，巴多格里奥元帅命令他通知我们：只要盟军登陆意大利本土，意大利政府将联合盟军共同抗击德国。如果盟军接受以上提议，卡斯特拉诺会立即提供德国军队部署的详细情报。我立刻把这个消息传达给罗斯福总统。

前海军人员（在魁北克）致罗斯福总统：

随同此电报，我附上了四封从伦敦发来的电报，里面谈及巴多格里奥的新提议。我建议应当这样回复：

"我们注意到意大利特使的声明：'我们没有资格提出任何条件，假如我们能以同盟国的身份，与你们一同抗击德国，那么我们愿意接受无条件投降。'由于意大利改变立场，盟军方面尚不能做出任何决定，现阶段我们也不能共同制订计划。然而，如果意大利军队和德国侵略者之间爆发了激烈的战争，就会出现新局面。意大利人民深知，英美两国政府不会否定意大利在欧洲的重要地位。因此，在英美联军抵达之前，意大利政府应该竭尽所能地抵抗德国。尤其是，意大利应该炸毁桥梁和隧道，以及毁掉意大利北部的铁路和道路，以此切断德军在意大利南部的交通线。盟军会将类似这样的积极行动看作是意大利提供的重要援助，这会使双方更加深入合作，抗击共同的敌人。意大利政府和人民完全有能力摧毁德军交通线，并且，类似的行动可以向盟军表明其诚意。此外，保

护好英国和盟军的被捕战俘，阻止他们被运往德国，这同样也能证明意大利的诚意。一旦德国有这种企图，且意大利政府没有能力抵抗德军时，意大利政府就应该释放战俘，由意大利人民给予援助。在意大利政府能力范围内，意大利政府必须提供重要援助，即把意大利舰艇运往盟军占领的任一港口。

"在德意之间爆发战争之际，意大利政府为我们提供有关德军部署情报，以及意大利政府和人民帮助盟军登陆的行为，我方给予良好的评价。另外，意大利军队和当地各种爱国中坚力量共同抵抗德军，引发了流血事件，因此我方高度认可他们在巴尔干半岛战场上所有协同作战的行动。

"因此，通过采取行动抗击共同的敌人，意大利政府、意大利军队以及意大利人民必然能与同盟国建立更加友好的关系。我方需要特别说明的是，盟军所到之处，若发现意大利对战德国，我方必定竭尽所能援助意大利。"

艾登将于明日抵达此处，我们可以一同讨论整个局势。此电附上四份电报，便于让您了解我的想法。

为了有效促成意大利倒戈，三军参谋长正在策划实际步骤，伺机而动。

1943 年 8 月 16 日

*　　*　　*

我和罗斯福总统一致认为，艾森豪威尔将军应派遣比德尔·史密斯将军以及英国情报参谋处长斯特朗将军，前往里斯本与意大利特使公开谈判。他们带去了我们在魁北克"四分仪"会议上最终拟定的投降军事条款。

罗斯福总统和丘吉尔首相致艾森豪威尔将军：

1. 罗斯福总统和丘吉尔首相已经同意，指示英美联合参谋长命令你立即派遣英美各一名参谋官前往里斯本。如果他们抵达里斯本，应立即向英国大使报告。他们需携带我们此前已经达成的停战条款，也就是我之前给你发的那一份条款。英驻里斯本大使将遵照指示，与卡斯特拉诺将军进行会谈。你派遣的参谋官也将出席该次会议。

2. 请按照以下方针，在这次会谈中向卡斯特拉诺将军发出一份指令：

依照递交给卡斯特拉诺将军的文件所述，我们接受意大利无条件投降。（我们应在此时将意大利已经同意的停战协议，即此前我发给你的那一份，递交给卡斯特拉诺将军。同时应告知他，这些停战协议并未包含政治、经济或者财政方面的条款，那些条款待日后我们再商议。）

这些条款并没有明确地规定意大利在对抗德国时需提供何种积极援助。至于对意大利有利的相关条款要如何修改，将取决于在战争后期意大利政府和人民在援助盟军抗击德国所采取的实际行动。然而，盟军毫无隐晦地表明，只要意大利军队或者意大利人民抗击德军，损坏德军设施，或者阻碍德军前进，盟军将竭尽全力给予援助。与此同时，只要意大利能及时并定期提供敌人的情报，盟军将竭力轰炸那些有利德军活动和作战的目标。

艾森豪威尔将军宣布停战之时，即可结束盟军和意大利之间的敌对行动。

一旦艾森豪威尔宣布停战，意大利政府也必须立刻宣布停战，并且必须即刻命令其军队以及民众和盟军共同抵抗德国。

从宣布停战协议之时起，意大利政府必须立即下令释放所有被德军囚禁的盟军战俘。从宣布停战协议之时起，意大利政府必须下令把尽可能多的意大利战舰和商船驶进盟军占领的港口，以及把尽可能多的军事飞机驶进盟军基地；必须

将那些可能将被德军占据的舰艇和飞机摧毁。

3. 与此同时，我们应告知卡斯特拉诺将军，在德国还没发现我们谋划的事情之前，巴多格里奥还有很多事情可做。巴多格里奥必须根据自己的判断来决定行动的确切性质和范围。但是，我们须把以下行动大纲告知他：

在传达该命令给意大利当地政府时，如果没有让德国发觉，那么应该让意大利当地政府下令在全国实行消极抵抗……

谨防德国夺取意大利沿海海防。

为了将盟军手中的意大利部队移交给意大利，应适时安排巴尔干地区的部队行军至沿海地区。

1943 年 8 月 18 日

8 月 19 日，双方在英驻里斯本大使馆会晤。卡斯特拉诺被告知，如果按照现在递交的条款，艾森豪威尔将军将接受意大利无条件投降。要使严峻的军事谈判与灵活的外交政策相协调，是十分困难的事情。这位肩负使命的意大利将军在里斯本已经陷入绝境。正如他所强调的，他此行的目的是与盟军商讨如何展开对德作战。然而，比德尔·史密斯却回应，此次会晤只商讨意大利无条件投降事宜。

谈判期间，盟军展开了对西西里岛的最后征服。就在同一天，我致电亚历山大将军：

首相（在魁北克）致亚历山大将军（在中东）：

1. 征服西西里岛是一项光辉的新成就，对此，我感到由衷的欣喜。我对你所获的一切成就，致以衷心的祝贺。我会立即发一封电报给你，请你将电报内容向你率领的第十五集团军宣读。但我认为最好先让罗斯福总统和英国国王向艾森豪威尔表达祝贺，你再宣读我给你发的电报。

2. 毫无疑问，你一定知道了卡斯特拉诺前来与我们交涉的事情，并且知道我们在此地发出的复电内容。我们最大的

危险是，德军竟然进攻罗马，并且成立一个吉斯林式的法西斯政权，例如，建立一个法里纳西领导下的政权。同样令人不愉快的是，整个意大利将陷入无政府主义状态。因此我在思考，在执行"雪崩"作战计划之前，巴多格里奥政府能否继续保持两面派姿态。所以，任何不阻碍我们取得军事胜利的举措，只要能够缩短这个计划的准备期，都将对"雪崩"作战计划起到很大的作用。

1943 年 8 月 19 日

亚历山大将军致首相（在魁北克）：

非常感谢您的来电，这对我十分重要。我们正尽一切办法促使"雪崩"作战计划提前实施。我们深知，推迟一刻都会让敌军获得更多时间来准备和筹划攻打我们。

1943 年 8 月 20 日

* * *

8 月 19 日，比德尔·史密斯与卡斯特拉诺将军在里斯本举行了会晤，且这次会晤整整持续了一晚。卡斯特拉诺将军意识到，比德尔·史密斯不会在停战条款问题上做出任何让步，于是他在地图上圈出了部署在意大利本土的德意两国军队的位置。卡斯特拉诺为了掩盖他的葡萄牙之行，刻意滞留了一段时间才回到罗马，并且带回了军事投降条款。为了与位于阿尔及尔的盟军总部保持联系，他还带回了一部无线电发报机和盟军电码。

意大利的另一位特使，扎努西将军，曾是意大利总参谋长的得力助手。他于 8 月 26 日在卡顿·德·维阿尔特将军的陪同下抵达里斯本。卡顿·德·维阿尔特将军曾获得维多利亚十字勋章。不久前，他得以从英国战俘营释放出来，充当这次行动的中间人。扎努西将军此行的目的尚未明确。或许是因为巴多格里奥担心卡斯特拉诺做出太多

让步，并想知道卡斯特拉诺的动向，才决定派遣扎努西前往里斯本。他们告诉卡顿·德·维阿尔特："已经放出去一只鸽子了，但它还没有回来，所以又放出另一只。"扎努西接到巴多格里奥的指示，巴多格里奥命他取道伦敦，并催促盟军在罗马北部登陆。

我们已经开始与卡斯特拉诺谈判了，所以决定把扎努西送往艾森豪威尔将军所在的总部。然而，在他动身之前，却发生了一件侠义的事情。扎努西将军想回到罗马，向巴多格里奥报告其使命尚未成功。他向卡顿·德·维阿尔特说了他的想法。卡顿·德·维阿尔特说自己很乐意陪他回去。扎努西用他自己的语言转述了卡顿·德·维阿尔特的原话："我是一个战俘，之所以被释放出来，就是为了陪你前往伦敦，完成使命。但是我们没有完成这项使命，所以你将回到意大利，而我会重新回到我的战友身边。"扎努西却不同意这个计划。他深知，为了让他到达英国，一切准备已经就绪，因此他会遵照指示会见艾森豪威尔将军。卡顿·德·维阿尔特不应该认为他自己还是战俘。或许英意两国人民会铭记这段两国间的小插曲。

于是，这位才刚到达里斯本的意大利特使，就被送往了阿尔及尔。在那里，他提供了很多有关德军在意大利境内动向的情报。

按照事先的安排，8月31日，在扎努西将军的陪同下，比德尔·史密斯将军于西西里岛会见了卡斯特拉诺。卡斯特拉诺解释道，如果意大利政府是独立的政府，那么他们将如盟军所望，接受并宣布停战协议。然而，事实并非如此，意大利正受德国的控制。自里斯本会谈之后，德军派遣了更多的军队驻扎意大利，实际上，整个国家都被德国占领了。因此，意大利无法在盟国所规定的时间内，即在盟军主力登陆意大利之前，宣布停战协议。此外，卡斯特拉诺迫切想了解登陆的详情。意大利人民想要确认的是，盟军登陆是否足以确保在罗马的意大利国王和政府的安全。

显然，意大利政府迫切希望我们在罗马北部登陆，抵御罗马附近的德国师，以保护意大利。针对派遣十五个师参与这次登陆行动的相关事宜，卡斯特拉诺发表了自己的意见。比德尔·史密斯将军明确表示，除非在盟军主力登陆之际意大利立刻宣读停战协定，否则他不会继续谈判，并拒绝为卡斯特拉诺提供任何关于盟军行动力量的情报。随即，卡斯特拉诺请求，允许他再次向意大利政府请示。卡斯特拉诺被告知这是最后条款，且时限已至，但是鉴于当前的谈判结果，盟军愿意等到 9 月 1 号午夜，届时接受与否，意大利政府必须表明其态度。卡斯特拉诺当晚便返回罗马了。

盟军最高统帅部察觉到，除非可以使意大利深信英美盟军攻打意大利本土是势不可挡的，否则意大利很快就会自乱阵脚，并且没有勇气签署停战协定。因此。艾森豪威尔将军决定向卡斯特拉诺透露自己的计划：他计划在罗马附近着陆一支空降部队。计划实施与否，将取决于巴多格里奥政府是否能遵守保证——"按盟军要求，签署并宣读停战协定；意大利政府应控制并守住主要飞机场并停止一切防空炮火；在罗马地区的意大利师应采取行动反击德军。"

此时，我和罗斯福总统都在白宫，一同给艾森豪威尔将军发了电报，内容如下："我们十分支持你的决定，继续实施'雪崩'作战计划，并根据具体情况，决定是否需要在罗马附近着陆一个空降师。我们充分意识到，在这个紧要关头，军事策略十分重要。"就在当天，战时内阁在伦敦举行会议，并批准了该意见。

* * *

我们向斯大林元帅汇报了意大利的战况。

首相和罗斯福总统致斯大林元帅：

1. 我们已经收到卡斯特拉诺的声明，即意大利政府接受了停战协定，且卡斯特拉诺将前来签署协定条约。但是我们尚未确定这个协定条款是您看过的短期军事条款，还是您明确表明想要签署的那种更全面更完善的条款。

2. 此地的战况至关重要且令人充满希望。我们盟军对意

大利本土的进攻如箭在弦上。

　　大约在下周，我们将在意大利本土实行沉重的军事打击，即实施"雪崩"作战计划。意大利政府和人民很难从希特勒的魔掌中挣脱出来，但是艾森豪威尔将军需要意大利方面的大量支援，所以我们很有必要进行一次更为大胆的行动。意大利政府之所以接受这次条款，很大程度上是因为我们派遣的空降师可以使他们摆脱在罗马附近地区聚集装甲力量的德军。德军可能会成立一个吉斯林式的政府来代替巴多格里奥政府，而吉斯林式政府或许会在法里纳西领导下建立。这里的情况瞬息万变，我们认为艾森豪威尔将军应谨慎行事，不要为了短期条款与长期条款的区别，耽误了与意大利方面的和解。显然，短期条款包含在长期条款之内，也是在无条件投降的基础上产生的，而且盟军总司令拥有对该条款的解释权。

　　3. 因此，我们认为在必要时，艾森豪威尔将军能代表苏联在短期条款上签字。如此一来，可以避免卡斯特拉诺将军去往罗马的长途跋涉，也能避免产生耽误和影响军事作战计划的不确定因素。当然，我们希望意大利不仅向英国和美国投降，还能向苏联投降。意大利投降宣告的日期必须与军事袭击行动的时间保持一致。

1943 年 9 月 2 日

＊　　＊　　＊

　　卡斯特拉诺将军返回西西里岛，由意大利政府正式授权，签署军事投降协议。9 月 3 日，在锡拉库扎海港附近的一片橄榄树林中，双方举行了签字仪式。我从亚历山大将军的电报中得知了此消息。

亚历山大将军致首相：

　　在战争爆发四周年之际，盟军方面由比德尔·史密斯将军代表艾森豪威尔将军，意大利方面由卡斯特拉诺代表巴多格里奥元帅，经正式授权，于今天下午签署停战协定。

　　卡斯特拉诺将在我军总部基地逗留，今晚，我们将进行军事谈判，为意大利军队安排最充分的援助，以协助我们继续展开军事行动。

1943 年 9 月 3 日

　　9 月 3 日破晓之际，英国第八集团军横跨墨西拿海峡，登陆意大利本土。

首相致斯大林元帅：

　　经过长期斗争，卡斯特拉诺将军于 9 月 3 日签署了短期军事条款，如今他与艾森豪威尔将军以及亚历山大将军一同努力，使这些条款生效。无疑，这将立即引发意大利军队与德国军队之间的战斗，但是无论何时何地，我们会尽自己所能，为意大利提供高效迅速的援助。下周战况将会有惊人的发展。我们已经以碾压性的优势成功地攻占了墨西拿海峡，接下来将实施"雪崩"作战计划和空降计划。虽然我认为我们应该在强大的武装中实施"雪崩"作战计划，但是我不能预知未来罗马或者整个意大利的局势会如何发展。在这个战场，我们主要的目的就是挫败德军并且帮助意大利在最大范围内剿灭德军。

　　在整个战况明朗之前，我会继续留在美国。同时，热烈祝贺您在主前线获得一系列新的胜利和突破。

1943 年 9 月 5 日

　　目前，我们还需要把意大利的投降条款与我们的军事策略结合起

来。泰勒将军隶属美国第八十二空降师，9月7日被派遣去罗马。他的秘密任务是与意大利总参谋部商榷，计划在9日晚上控制首都附近的飞机场。但自从卡斯特拉诺向盟军寻求庇护，整个战局就发生了急剧的变化。德军兵力强大，似乎还占据着几个机场。反观意大利，其军队士气低落，弹尽粮绝。巴多格里奥政府分歧不断，莫衷一是。9月8日凌晨两点，泰勒将军会见巴多格里奥元帅。自从巴多格里奥元帅失去了飞机场，他就乞求延迟宣布停战协定。事实上，他早已发电报告知阿尔及尔政府，罗马机场的安全已经得不到保证。因此，空降行动取消了。

如今，艾森豪威尔必须迅速做出决定。他计划在二十四小时内对萨勒诺发动进攻，于是，他致电英美联合参谋长委员会：

> 我刚刚结束了和主要司令官的会议，决定不接受意大利改变态度。对于宣布停战协定事宜，我们打算按原计划行事，随后宣布停战协定并采取其他措施。通过我们的直线联络人，告知巴多格里奥元帅，官方特派代表签署的协议是基于双方互相信任的前提，具有法律效力和法律约束力，因此，我们不接受任何违背原协议的行为。
>
> 1943 年 9 月 8 日

经过协商之后，我和罗斯福总统做出如下答复：

> 我和罗斯福总统认为，既然已经签署了协定，并且宣布停战协定有利于你的军事行动，那么你应将它公之于众。
>
> 1943 年 9 月 8 日

于是就在当天下午六时，艾森豪威尔将军宣读了停战协定。大约过了一个小时，巴多格里奥元帅也在罗马宣读了停战协定。意大利最终投降。

＊　　＊　　＊

9月8日至9日夜晚，德军开始包围罗马。巴多格里奥及意大利王室躲进军务部大楼，全城草木皆兵。在愈发紧张和恐慌的气氛中，他们进行了匆促的讨论。凌晨，意大利王室、巴多格里奥元帅和他的内阁官员以及高级官员乘坐由五辆汽车组成的车队，经过罗马东城门，一直驶向位于亚得里亚海岸的佩斯卡拉市。接着，他们坐上了两艘轻型护卫舰，于9月10日清晨，抵达了布林迪西。当日，他们在盟军占领区成立了反法西斯意大利政府。

意大利领导班子逃亡之后，退役军人卡维格利亚元帅来到了罗马。他曾在第一次世界大战中的维托里奥·维内托战役获得胜利。他这番前来罗马，是为了承担起自己的责任，同迫近罗马的德军进行谈判。城门外已出现了零星的打斗，几支意大利正规部队和由罗马公民组成的游击队在郊外同德军展开了斗争。

9月11日，敌军签署了军事休战协定，停止攻打意大利，且德军的活动在罗马未受到限制。

＊　　＊　　＊

为了不妨碍盟军按时在意大利踵形地区和罗马登陆，我们已经向巴多格里奥元帅施压，迫使其投降。虽然我们完成了正式签署停战协定的这个重要的步骤，但是在这个9月，仍可以收获其他果实：意大利舰艇必须安全驶往盟军港口；在欧洲东南部有很多意大利部队，而他们的装备对于在随后盟军与德国纳粹的战斗十分重要。地中海东部的岛屿仍然分布着很多重要的意大利根据地。关键的是，我们绝不能让这些岛屿落入敌人的手中。

我强烈地感受到了这种不寻常的危机。

首相致威尔逊将军（在中东）：

　　这一次，在意大利方面的帮助下，你夺得了罗得岛，这将对整个战况有很大贡献。请告诉我，你的军事行动计划是什么？你能否从中东军队中临时抽出必要的驻守部队？你的总兵力是多少？

　　现在是时候考虑发动克莱夫、彼得巴勒以及鲁克的部队攻陷直布罗陀了。

1943 年 9 月 13 日

我担心我会不恰当地表达自己的这种心情。于是，我引用了联合参谋长委员会在华盛顿通过的决定而作的最后总结。

地中海东部

　　联合参谋长委员会已经了解到，中东总司令官在罗得岛和多德卡尼斯群岛上采取的军事行动。他们赞同该项行动，并正筹划下一步行动。

我很快会重新谈到这些事情。

＊　　　＊　　　＊

9 月 8 日夜幕降临以后，意大利舰队接到盟军的指示，在没有盟军和意大利空中护卫的情况下，其主力离开了热那亚和斯培齐亚，开启了前往马耳他投降的勇敢之旅。次日清晨，当意大利舰队主力开往撒丁岛西岸时，遭到了原先驻扎在法国基地的德国空军的袭击。"罗马"号旗舰遭到袭击，船体爆炸，人员伤亡惨重，总司令官伯盖米尼海军上将也不幸身亡。"意大利"号战舰也遭受损失。他们留下了一些轻型小艇救援幸存者，剩余的舰船继续着艰苦卓绝的航行。9 月 10 日早晨，在英国舰队的护卫下，意大利的所有舰队在海上会合，并抵达马耳他。"厌战"号和"英勇"号也在这次参加护卫的英国舰队中，此前，这两艘英国舰艇曾多次在不同情形下搜寻意大利舰队。从塔兰托出发的分舰队中包括两艘战艇，也于 9 日起航。航行途中，这支分舰队遇到了前去占领塔兰托港口的英国舰队，于次日平安抵达马耳他岛。

9 月 11 日早晨，坎宁安海军上将向海军部报告称："在马耳他要塞大炮的保护下，意大利战舰现已停泊在马耳他港内。"

* * *

我希望我们能真诚地对待意大利海军。9 月 10 日，我致电坎宁安："如果意大利舰队认真履行了停战条款，但是因此遭到了德军轰炸机的报复袭击，那么当他们抵达我方港口时，我希望你能与艾森豪威尔将军商量，让意大利舰队感受到我们友好宽厚的态度。我相信，这样的做法和你的观点是一致的。"稍后，我再次致电坎宁安海军上将："如果有可能，我们可以把意大利舰队投降、意大利舰队受到英国热情接待以及英国友善对待意大利伤员等画面拍成纪录片。"

意大利舰队曾经是海上的头等强大舰队，如今全部归我们管辖，变成了我们辉煌的战利品。我们要充分发挥这些舰队的作用。

首相致坎宁安海军上将（阿尔及尔）：

你应争取时间，尽快向我们汇报意大利舰队上各种枪支所需弹药数量。你可以从最主要的部队开始，比如向我们汇报有多少弹药堆放在甲板上，在塔兰多接收了多少弹药……以及估摸一下需要制造的弹药数量及其精确规格。无须等到所有调查结果水落石出，你就可以立即向海军部报告最主要的和最现代化的部队所需的弹药数目，然后，通过适当的途径向美国方面报告。我这里或许可以尽快安排生产。

1943 年 9 月 12 日

随着法西斯政权的倒台，意大利各个地区政局动荡不安。抗德组织默认被移交给罗马地下解放委员会，同时，这些组织与游击队的活动联系越来越密切，且游击队如今已开始在巴尔干半岛上活动。这个地下解放委员会的成员要么是在二十年代早期被墨索里尼剥夺了权力的政客，要么是那些反对法西斯主义统治的团体代表。但是在战胜德国之际，我们依然始终处于核心法西斯主义力量卷土重来的危险之中。德国一定会不遗余力地助长这种力量。

＊　　＊　　＊

从 7 月 26 日起，墨索里尼就被囚禁在蓬察岛，随后被转移到了毗邻撒丁岛的拉马达勒纳岛。由于担心德国会突然袭击，巴多格里奥于 8 月底将墨索里尼移至意大利中部阿布鲁齐高山上的一个小型避暑山庄。由于是仓皇乘飞机逃离罗马，巴多格里奥并没有给看守这位垮台的独裁者的警察和宪兵下达明确命令。9 月 12 日，这个星期天的清晨，约九十名德国伞兵乘坐滑翔机在囚禁墨索里尼的宾馆附近着陆。德国伞兵将墨索里尼转移至一架轻型飞机，将他带到慕尼黑与希特勒会面。这次行动没有人员伤亡。

德国成功解救了墨索里尼，这使得德国有能力在北部建立了一个与巴多格里奥对峙的政府。法西斯傀儡政权就此在科莫湖滨建立，而墨索里尼的"百日丑剧"也正是在这里上演的。德军占领了罗马北部地区。这个无人拥护的傀儡政权使得德军能在罗马自由出入。在盟军委员会的监督下，国王和巴多格里奥在布林迪西建立了一个残存政府，他们只能在镇上的行政楼边界内行使政权。由于我们是从半岛的趾形地区开始进军的，盟军政府就接管了统治解放区的重任。

如今，意大利即将度过其历史上最为悲惨的时期，并且成为二战中战况最为激烈的几场战役的战场。

加拿大在战争中扮演着越来越重要的角色——第二战场和第三战场——非洲和意大利战场上的战役——与罗斯福总统在华盛顿聚首——联合参谋长委员会的重要作用——史末资将军对战争计划与进展发表评论——进攻意大利的趾形地区——庞德海军上将因病辞职——我在白宫主持另一场全体会议——英美历史上的一件大事

　　魁北克会议于 8 月 24 日结束。随后，我们那些尊敬的同僚们便离开魁北克，回到了自己的岗位上。他们像炮弹的碎片，飞向了四面八方。经过一系列的调研和讨论，大家都渴望享受几天假期。我的加拿大朋友克拉克陆军上校受自治政府的委派来到我这里工作，他曾在会议期间与我联系。他经营着一个牧场，该牧场坐落在约七十五英里外的山岭和松树林间。那些指引我们在人生道路上前行的报纸，就是用这里的木浆印刷的。这里还有一个雪湖，湖水被拦截抬高，出现了宽阔的水域。人们都说这里的鳟鱼又大又多。布鲁克和波特尔热衷于钓鱼，且钓鱼技巧高超。除了要实施在魁北克会议上的那些计划，他们还有一个计划，那就是分别施展他们的钓鱼技巧，一决高下。我曾答应他们，如果有时间就会与他们一起去钓鱼，然而，我要在 8 月 31 日发表一个广播演讲。这个广播演讲就像天空中的秃鹰一样，在我的头顶盘旋。情况十分紧急，亟待解决。我在堡垒逗留了些许时日。这些天的每个下午，我都会去城墙边散步一小时，俯视着圣劳伦斯河壮丽的全景，细细回想有关沃尔夫的故事和在魁北克发生的惊险过往。我曾承诺乘车巡视全城，在那里，我受到了当地群众的热烈欢迎。我出席了魁北克内阁会议，给他们讲述了有关魁北克会议和战争中那些他

们不知道的故事。我很荣幸宣誓任自治领内阁的枢密顾问官一职。麦肯齐·金先生是与我有四十年交情的老朋友，更是我值得信任的同僚。在他的举荐下，自治领内阁才如此认可我。

在这次广播演说中，我有很多要讲的东西，也有很多不能说的内容，我一直在思考哪些内容可以说，哪些不该说。我的思绪时不时飘向雪湖，因为那里的人已经发来了引人入胜的报道。我想我还是白天去钓鱼，晚上再来准备广播演讲事宜吧。我决定听克拉克陆军上校的建议，与夫人乘车前往雪湖。我发觉庞德海军上校并没有和其他两位参谋长去雪湖，现在我建议他和我们一同前往。他的参谋官却告诉我，庞德海军上校在会议结束后还有很多校正工作要做。这次海军作战讨论会涉及的论题很广，但庞德海军上校在讨论会上沉默不语，这让我感到十分惊讶。当得知他不来钓鱼时，我更加隐约地感到事情进展得不是那么顺利。从战争初期开始，我们便共事，且关系亲密。我了解他的才能和勇气，也很清楚他的习惯。只要一有机会，在家时他早上四五点就会起床，就是为了挤出几个小时"在去海军部之前钓鱼"。然而，现在他一直在宿舍里待着，出发前我都没有看到他。

我们沿着河谷驱车而至，度过了愉快的一天。在中途的客栈休息过后，我和夫人终于到达了雪湖边上宽敞的小木屋。布鲁克和波特尔次日就会离开。但这样也好，不然他们每人每日能钓到百来条鱼，照这样的速度，雪湖水位就会明显降低。我和夫人坐上了不同的船，每天都钓上几个小时，虽然我们夫妇都不是钓鱼专家，但还是能钓到不少鲜鱼。有时，渔夫会给我们的鱼竿装上三个分开的鱼钩，我曾一次就能钓上三条鱼。我不知道这样是否公平，我只知道每一顿美味的饭中都不能少了新鲜的鳟鱼。罗斯福总统也想亲自来此地，可惜他有要事在身。而我的侍从官玛丽受邀前往奥格尔索普，要在美国妇女陆军队员的一次重要集会上发表演说，于是她坐飞机去了。罗斯福总统给我发了一封电报，内容如下：

罗斯福总统致沃登上校：

> 首先从各方面来讲，星期三很适合（前往华盛顿）。如果侍从官（玛丽）准备前往奥格尔索普，要是她提前一两天出发，那么她就能在华盛顿待得久一点。我希望你和沃登夫人都能休息好。我也希望你已去过"只有一条鱼的湖"①，一定要钓到大鱼，到时让麦肯齐·金称一下，并作个证明。
>
> 1943 年 8 月 27 日

我把我钓到的最大的鱼拿到海德公园送给他。广播演讲稿事宜有了一定的进展，但是起草工作比辩论和钓鱼更累人。

＊　　＊　　＊

我们于 29 日当晚返回魁北克，并出席了加拿大内阁的另一场会议。在我前往华盛顿之前，也就是 31 日当天，我向加拿大人民和盟国发表了演说。此处我引用演说中的一些内容：

> 在这段艰难的日子里，加拿大与英联邦国家和大英帝国勠力同心，他们的付出深深感动了英国，也打动了盟国及其各族人民。
>
> 从最艰苦的那段日子开始，日渐强大的加拿大军队一直在保护英国领土不受侵略的战争中扮演着至关重要的角色。如今，加拿大军队在更广阔且日渐扩大的战场上，正出色地战斗着。帝国空军训练机构就设在加拿大，目前已经取得了显著的成就，它那宽阔的飞机场迎来了来自英国、澳大利亚和新西兰最优秀的青年，这些青年与加拿大英勇的战士并肩

---

① 在魁北克会议期间的一个下午，罗斯福总统邀请我与他去一个湖泊钓鱼。之前就有人向他推荐这个湖。我们的午餐吃得很开心，但是我只钓到一条鱼，而他一条鱼也没钓着。因此，他将这个湖称为"只有一条鱼的湖"。

作战。

在这期间，加拿大成了重要的航海国家，它建造了大量战艇和商船。加拿大水手勤劳勇敢，不远万里地运送其中一部分战艇和商船，用以护卫大西洋舰队以及保卫这条横跨大西洋的重要生命线。加拿大的军需工业在战时经济中扮演着重要的角色。最后一点，但也是最重要的一点：加拿大还免除了英国超过二十亿美元的军需费用。

当然，加拿大所做的一切并不是出于任何法律的规定，也不是出于任何条约和外在契约的约束，这完全是自发地出于其内心对祖国的情感，对传统的信仰，以及挽救人类未来的决心。我很荣幸能代表大英帝国的人民在加拿大的领土上，向伟大的自治政府致以真诚的谢意。尽管我肩负重担，我真切希望有机会深入战地，然后当面告诉澳大利亚人民、新西兰人民、南非人民，对于他们的付出，我们有何感受……

在过去的两年里，我们听了很多关于在法国北部开辟第二战场对抗德国的言论，每个人都渴望发动大规模的作战行动。苏联人在其战场上承担着攻打德军的重任，不断地督促我们在法国北部开辟第二战场对抗德国，但是之前我们并未执行这一任务，他们自然会抱怨甚至指责。所以，他们说什么我都不会怪罪。苏联的作战能力极强，重创了德国的军事力量。他们真诚地批评我们的战略或者指出我们在战争中所发挥的作用，这些都是无可厚非的。我们仍然肯定苏军的英勇及其取得的成就。我们曾在法国开辟了一条得天独厚的新战线，但是在希特勒的集中火力下，该战线四分五裂，易毁难修。我期待，有朝一日英美联军全力横渡英吉利海峡并逼近侵法德军的营地……就我个人而言，我同样重视第二战场和第三战场。我总认为，西方的民主国家应该要像一个拳击手那样两只手战斗，而不是畏首畏尾或者保存实力。

此次侧翼包围进攻北非的大规模行动是由罗斯福总统和

我代表英国政府授权的。事后，我认为这次大规模行动在当时的情形下是一个有效的举措。当然，该次行动的确取得了丰富且具有实质性的成果。盘踞在非洲的敌军势力得以清除，德国以及意大利所有的驻非军队均得以歼灭，而且我们还俘虏了超过五十万敌军。西西里战役持续了三十八天，且轴心国部队在该战役中投入了不下四百万的兵力，但是最终我们还是获得了胜利。墨索里尼政府由此覆灭，因此，意大利战争的动力得以摧毁。这个不幸的国家，在错误和罪恶的向导之下，一步一步地误入歧途，如今正在自食其恶果。意大利想要与德国狼狈为奸是多么容易，但是想要独善其身就并非易事了！为了尽可能使战争长期不触及德国领土，近日，大量德军调离法国，用以压制意大利人民，并开辟意大利战场。目前而言，德军最尖锐部队已撤离苏联前线，事实上，在英美以及加拿大三国空军夜以继日的袭击下，德军已经高度紧张而且损失惨重。不仅如此，我们已在大西洋和地中海地区掌握了战略上的主动权并拥有潜在的作战力量，如此一来，敌人既无法估摸这些主动权和作战力量的影响力，也无法预见我们何时作战。

根据苏联前线传来的最新情报，斯大林确实把握好了时间。斯大林在这次夏季战役，以及在奥勒尔、哈尔科夫和塔甘罗格三地的战役中大获全胜，收复了大片领地，并歼灭了数以千计的侵略者。大英帝国为此表达了对斯大林的敬意。

我突出强调了任命蒙巴顿一事。

英、美、中三国一致同意蒙巴顿任亚洲东南前线最高统帅。事实上，路易斯·蒙巴顿阁下只有四十三岁，他如此年轻就取得这么高的成就，这种情形无论是在当前环境还是在军事行业中都不常见。如果一个人投身于军事行业之中，但

是到四十三岁还不了解战争，那么四十三岁以后也未见得他会了解得更多。作为海陆空联合作战司令官，路易斯阁下有过人的组织能力和智谋。不论"老学究"会怎么说，我斗胆称他为"全能的三栖作战专家"，也就是说，他精通海陆空三栖作战技术，并且熟知枪支弹药。我们共同期待这个新司令部及其统帅能够顺利完成各种前所未见的艰巨任务。

＊　　＊　　＊

我乘火车离开了魁北克，并于9月1日抵达白宫。在魁北克举行会谈期间，意大利方面的局势已取得一定的进展。我在前文有提到过，在这个关键时期，我和罗斯福总统指导了该次与巴多格里奥政府商讨停战协议的秘密谈判，还密切关注着在意大利本土登陆的军事安排。在处理意大利事宜的关键时刻，我还特意在美国逗留了些时日，以便与美国朋友保持密切联系。在我来到华盛顿当天，我听到一条确切的官方消息，即巴多格里奥已经接受了盟国拟定的投降条款。在魁北克商讨的战略布局是为了应对意大利军溃败的可能，这也是我们一直以来担心的事情。

我在华盛顿出席了几次美国内阁会议和其他类似性质的会议，并与美国政要保持着密切联系。可怜的霍普金斯在这时已经疾病缠身了，不得不病退在海军医院休养。罗斯福总统迫切希望我能长期接受任职，并接受哈佛大学的荣誉学位。这将是一个好机会，借此机会可以向世界公开宣布，从此英美团结一致，和睦相处。9月6日，我发表了演说，演说内容摘要如下：

　　我对英美两国青年说的话是一样的，我对他们说："你们不能停止前进。"这个节骨眼并没有我们驻足的地方。如今，我们的征程已到达一个不能止步的阶段，我们必须砥砺前行。世界杂乱无章抑或是井然有序，且看今朝。正是这些严峻磨

难和艰苦奋斗，造就了我们的年代特征，而且，你会在英联邦国家和大英帝国找到值得你信任的战友，而你和他们合作，除了需要国家政策和共同目标这两个纽带，更需要其他纽带。很大程度上可以说，他们是由血缘和历史联系在一起的。当然，作为新旧两个世界的后裔①，我十分清楚这些关系的由来。

法律、语言和文学都是联系两国交好的重要因素。无论是对于是非的共同理念、重视公平竞争（尤其是重视与弱者和贫者竞争的公平），还是坚持公正审判，最重要的一点是追求个人自由，换一句话说，就是追求吉卜林②所说的理念：“人应在法律的保护下生活而不是任由其他人主宰。”这些都是大西洋两岸英语语言民族的共同理念，也是我们必须坚守的理念。

起初，我们的主要敌对目标并不是这些种族，暴政才是我们的敌人。无论暴政伪装成什么样子，讲哪国语言，对内还是对外，我们都应该时刻警惕，枕戈披甲，严阵以待，扼住暴政的咽喉。对此，我们要共同进退。在这个时刻，无论是面对敌人在战场上的炮火还是空袭，我们不仅要并肩作战，而且对于那些捍卫人权与尊严的思想，我们更要同心合力，互通有无。

随后，我谈到了英美联合参谋长委员会。

我代表英国战时内阁，与罗斯福总统共同直接领导英美联合参谋长委员会。近段时间，英美联合参谋长委员会正采

---

① 丘吉尔的母亲是美国人，所以他才会这样说。——译者注
② 鲁德亚德·吉卜林是英国小说家、诗人。主要作品有诗集《营房谣》《七海》，小说集《生命的阻力》和动物故事《丛林之书》等。1907 年吉卜林凭借作品《基姆》获诺贝尔文学奖，当时年仅 42 岁。——译者注

取持续有力的行动。委员会在各级执行参谋的运作下，谋略得当，合理分配人力物力。委员会实际投入使用的英美部队、舰船、飞机和军需品，就像是一个国家或者一个民族的资源，共同使用，不分彼此。我不会说这些高级专业委员之间从不产生任何分歧，如果没有分歧才是不正常的。因此每两三个月举行一次的首长会议的重要性不言而喻。如今各个首长相互了解，相互信任，彼此欣赏，并且他们中大多数人一起共事已久。开会时，他们真诚坦率地通过讨论解决问题。虽然他们讲话很直白，但是几日之后，我和罗斯福总统总能收获中肯一致的建议。

这是一个完善的体系，上一场战争中并没有类似的制度，两个盟国之间也没有类似的组织。地中海战场是艾森豪威尔将军总部的所在地，这种制度在那里所体现的形式甚至更加紧密。因为在总部，一切事务都统一由联合参谋长委员会处理，最高司令官或副司令官亚历山大将军派士兵参战，丝毫不会因为士兵是英国人、美国人还是加拿大人而加以区别对待，他们调兵遣将仅仅依据战时的需要。

如果战争一结束，我们其中一方或者双方政府就退出这种平稳且非常强大的运行机制，那么我认为这样的做法是最愚蠢且没有远见的。为了两国的安全，也为了世界其他地区的稳定，我们要竭力使该机制在战后持续有序地运行。或许要等到若干年后，那时我们不但已经建立起某种维系世界和平的组织，而且这种组织也足以保护我们远离危险和侵略，我们才能退出这个运行机制。我们经历了两次世界大战，因而不得不寻求这样的保护。

可惜，眼下愚昧的言行却在兴风作浪！

＊　　　＊　　　＊

按照惯例，我将一份正式的会议总结交到了各个自治领总理处。但是陆军元帅史末资对我们规划的战争规模感到失望。他认为我们给他们安排的时间表不够紧凑，对我们的安排也甚是不满。正如读者所知，我一直很欣慰我们的想法是合拍的。在这个转折点，我们之间来往的电报真实而详细地阐明了战争中的主要问题。用我做国家首领所获悉的全部知识给一个我如此了解的人做全面的阐释，对我来说不是一种负担，反而是一种解脱。

史末资将军致首相：

我想私下和您谈谈我对战争进展情况的疑虑。如果您不同意我的观点，请您忘掉我的牢骚。但是如果你认同我的观点，那就烦请您主动解决这个问题。

我们在中东拉开了战役，从阿拉曼到突尼斯边境，士气明显高涨。但是从那以后，我发觉作战行动开始松弛懈怠。在突尼斯和西西里岛之间登陆就耗费了我们几个月的时间，而西西里战事正值紧迫之时，我们却停止了攻击。尽管英美两国拥有大量的资源，但是与苏联在同一时期的付出相比，我们所做的还相差甚远，因而其他国家也必定会向我们提出这些令人不愉快的问题。与苏联相比，我们的作战速度不尽如人意。我们常常吹嘘英美两国的生产成果，尤其是夸大美国所取得的生产成果。经过近两年的战争，美国的作战部队理应十分强大，然而，苏军却是陆地作战攻击德军大部队的主力。航运以及其他问题解释了产生这些差别的原因，但这些只是部分原因。令我不安的是，英美两国的陆地作战规模和作战速度都不尽如人意，大有改进之必要。好在我们的海军始终奉行高标准作战，并且空军战功累累，但是苏军几乎包揽了所有陆地作战的荣誉。我们看一下苏联的陆地作战规模和速度，及其在宽阔的前线所采取的宏大战略，就会发现苏联所得的荣誉的确是他们应得的。

无疑，我们的陆地战绩还可以有所提高，那么与苏联比较时就不至于相形见绌。在普通人看来，苏联才是这场战争的胜利者。如果这种观念再继续传播，与苏联对比，我们战后的国际地位将会如何？战后，我们的国际地位将发生翻天覆地的变化，而苏联将掌握世界外交的主导权。这样的局面不是我们所期待的，尤其会对英联邦国家产生恶劣的影响。但是只要我们从战争中崛起，与苏联平起平坐，我们就可以避免这样的局面，否则我们战后的位置会既尴尬又危险。我尚未得知魁北克会议会有何计划，但我猜想我们已经制订并通过了最好的方案。但是这些方案的执行进度如何？事实上，我方行动迟缓拖沓，这给我们带来了极大的危害。

1943 年 8 月 31 日

史末资将军致首相：

在上一次的电文中，我批评了我方的战争进展。而对这次魁北克会议上所做的计划，我必须坦率地表示失望。战争已经进入了第五个年头，尤其是近年来我们战争的境况发生了如此巨大的变化，这样的计划是远远不够的，而且增加了我对未来的顾虑和担忧。因为这样的一个计划的确没有体现我们真正的实力，并且会严重打击大家的士气以及严重影响将来与苏联的关系。我们可以更努力更勇敢地面对当前的局势。

事实上，这个计划只是继续实施当前的轰炸和反潜艇战，并增加实施次数，以此攻克撒丁岛、科西嘉岛和意大利南部，并从意大利南部一直向意大利北部推进轰炸行动。随后，我们要越过地势险峻的山地，以此继续将我们的战役向意大利北部推进。在这场战役中，在抵达意大利北部和德军主要防御阵地之前，我们或许会耗费很多时间。如果法国的陆空状况对我方作战有利，那么明年春季我们就有望横渡英吉利海峡。只要德军防守空虚，我们就可以从南部攻占法国。我们将巴尔干地区交给游击队攻克，并调遣空军援助他们。

这就是关于西部战场的全部计划。在东部战场上，我们采取跳岛战略，在明年年底直逼敌军驻加罗林群岛的主要根据地。虽然敌人利用了我们留在荷属东印度的资源，但是我们竭力打通缅甸战线，并且尽力空运资源援助中国。对于攻打缅甸所采取的两栖行动中的一些不确定要点，该计划均给予指示。

对于我们来说，轰炸只是该计划中唯一的大规模行动，其余的行动与我们在过去两年所实施的类似，都是小规模的行动。无疑，轰炸行动并不是这个战争阶段的重要成就，也没有正确利用我方大大提高的作战地位。如若在 1944 年年末，我们依旧只是在敌人的主战场上小打小闹，我们会遭受舆论的倒戈，但在这种情况下，舆论倒戈也是情理之中的事。大众会将我们在战争中的表现与苏联的艰苦卓绝和巨大成就相比，如此一来，对我们是最为不利的，苏联也会认为他们对我们的猜忌是合理的。

由于缺乏参谋委员会的内部消息，我无法向您提出其他方案，但是我坚信我们能够做得比魁北克计划还要更多更好。由于实施魁北克计划会过度拖延战事，引发上一条电文中所提及的那些潜在的危险及增加其出现的可能性。我同意实施轰炸政策，发动反潜艇战，以及横渡海峡实行大规模攻击。但是针对地中海地区，我们应攻克撒丁岛和科西嘉岛，并直捣意大利北部，而不是在半岛上一直从南部打到北部。我们应迅速攻下意大利南部，随即进军亚得里亚海，接着，我们要找到一个合适的位置，向巴尔干半岛发动一次猛烈的攻击，

然后再在巴尔干半岛恢复我们的势力。如此一来，我们就可以解放土耳其，并且可以将我们的舰队驶进黑海，以此联合苏军，向苏军提供人力物力，并从东部和东南部攻打希特勒的堡垒。苏联前线战况变动之大，我认为我的想法并不是异想天开的。

1943 年 9 月 3 日

经过一番深思熟虑，我给史末资复电，内容如下：

首相致史末资元帅：

你的两封电报，我均已收悉。

1. 当然，如今开始向意大利趾形地区发动进攻，只是为我们即将发动更为猛烈的攻击做准备。此举若成功，将极大改变战争的形势。我们希望现在可以横跨意大利，开拓一条重要的战线，并努力使该战线向北延伸。这条战线十分重要，需要从地中海地区调遣二十个师防守，若该战线被敌人选中作为反攻前线，那么该战线还需要增援部队。

2. 由于此前准备工作进行得当，我一直急于攻进巴尔干地区。① 在寻求突击队、特工人员的帮助以及物资供应之前，我们本应观察意大利的战况，但如今，整个意大利战火绵绵，且散布在巴尔干的二十四支意大利军队叛变，他们无心应战，意欲解甲归田。如此一来，德军就很可能被迫退到萨夫河和多瑙河一线……

3. 我认为现在并不是要求土耳其介入战争的绝佳时机，因为调动驻地中海的军队投入战斗会更加有效。我们可以在今年年末再思考如何动员土耳其加入我们的阵营。

---

① 这句话与我经常在各卷里提及的大体政策有出入。我所说的"攻进巴尔干地区"，不是要派遣部队进去。

4. 尽管地中海地区作战和各种行动的迫切需要会对我们全体人力物力造成压力，但是为了能在 1944 年春季实施"霸王"作战行动，从今年 11 月起，我们就要从地中海战场抽调七个师。出于这个目的，除了在太平洋由美军分管的舰队，其余所有能够集结的舰船，都用于不间断地运输美军部队和空军。我们今年没有一艘船是闲置的，然而到目前为止，只有两个美国师驻扎在英格兰。若是要在 11 月开始集结更多军事力量，是完全不可能实现的。我们或许可以派遣兵力大致相等的英国师来配合美国远征军的行动，但在首攻结束后，"霸王"作战行动的组织工作都要由美军完成。因为到那时我方已兵力枯竭，甚至连现在我都必须请求美国人中止调运作战部队，改为派遣数千名工程人员援助我们建造各种军事设施和营地，以便我们集结从大西洋彼岸调来的军队。

5. 为了实施部署在欧洲的计划，加上空战和海战，几乎耗尽我们的兵力和运输力量。这是我们必须面对的事实。我们也无法将我们的情况与苏联的情况相提并论：苏联大约有两亿人口，并且在战争中损失甚少。这些力量已发展成为一支强大的国家军队，现正部署在一条两千英里的陆地战线上。这又是我们必须面对的客观事实。

6. 我认为在战后，苏联势必会发展成为拥有最强大陆军力量的国家。拥有如此强大的陆军力量，苏联必会大败日本和德国这两大军事国家，因为在战争时期，苏联曾遭到日本和德国的猛烈攻击。不管怎样，我都希望英联邦和美国的"兄弟联合"以及我们强大的海军和空军力量，可以帮助我们与苏联和睦相处，至少将这种友好平等的关系维持到战后重建时期。之后的事情我就无法预见了，我还没了解到有什么"天文望远镜"可以预见未来（因为我无法把握将来更加遥远的局势）。

7. 英国在东方战场上兵力充足，但是我们遇到了和美国

在大西洋和太平洋作战一样的困难，我们很难再投入战斗。舰船条件制约了全部的海上和两栖行动，此外，缅甸多丛林和山地，我们的舰船一年中的大部分时间都被季风雨淹没。然而，我们还是发动了一次猛烈的攻击。我将年轻有为的温盖特带到了魁北克，并将他从陆军准将提拔成特种部队司令官，命其用最快的速度组建一支战斗力强的丛林部队，用于来年1月份向敌军发动进攻。蒙巴顿走马上任预示着我们可以实施一次形式新颖、规模空前盛大的两栖作战行动。我将在该次行动中倾注所有精力，促其成功。关于这次行动的细节，待我见到你时，我会向你娓娓道来。

8. 请相信我，我亲爱的朋友，我一点也不介意你发来的那两份批评的电报。我相信，如果你和我相处上两三天，我就可以消除你的顾虑，因为那些顾虑并不是不可动摇或无法改变的事实。我不分昼夜，以此加快行动，减少冗余组织人员。我在大西洋彼岸期待看到意大利发起政变及其政变的结果，到时我回国参加议会，我希望那时你也在赶来英国的途中。

1943 年 9 月 5 日

看到这份详尽的声明，史末资或多或少松了一口气。"你发来的电报，"他说，"真是让我放松了不少。你的电报详尽解释了这二十个意大利远征师将遍布整个意大利半岛，并将建起另一条真正的战线。"但是次日，史末资又发来电报：

我提议，在取得地中海的胜利后，我们应随即进攻意大利和巴尔干半岛，而不是采取横渡英吉利海峡的策略。若是横渡英吉利，即意味着我们要转向新战场，如果没有更多空军来援助，那么我们需要调用大量军队并且可能卷入更大的危险。我们应放慢横渡英吉利海峡的准备工作或暂时将其搁

置一段时间，以此加快轰炸行动，为最后的军事反攻做好准备。

1943 年 9 月 9 日

如果我们两人想要在各自的立场上继续心平气和地解决这个问题，我必须立即更正最后这项建议。史末资一人孤身在外，远离华盛顿，并不知道是什么氛围和局部环境左右着我们的集体智慧。

首相致史末资陆军元帅：

无论如何，我们都不能中断与美国一起为筹划"霸王"作战计划所做的准备工作。得益于潜艇战战事缓和以及意大利投诚，我们空出来的多余舰只也许可以帮助我们扩大"雪崩"作战计划（及远征意大利的计划）的兵力规模。我希望你能意识到，英国对于实施"霸王"计划的拥护度是维系英美合作大门的关键基石。我个人认为，只有英美双方力量雄厚，才能双管齐下。我认为这才是正确的战略。

1943 年 9 月 11 日

*　　*　　*

与此同时，我们开始进攻意大利。9 月 3 日黎明，分属第八集团军的英国第五师和加拿大第一师横渡了墨西拿海峡。在这个过程中我们没有遇到敌军阻挠。我们迅速攻占了勒佐，并沿着卡拉布里亚狭窄崎岖的山路进军。亚历山大于 9 月 6 日来电说："德军负隅顽抗，他们多采用破坏的方式，少采取正面交火……然而，今天早上在勒佐并没有听到一声警报，也看不到一架敌机。相反，这一天，天气晴朗，阳光和煦，各单位海军舰艇往返于西西里岛和大陆之间，来回运送士兵和物资。"

在随后几日内，第八集团军的前锋部队抵达了洛克里和罗萨诺。

当其中一个步兵旅经海路登陆皮佐时，只发现撤退中的德军殿后部队。双方几乎没有发生打斗，但是由于当地自然条件的限制、敌人的破坏行为以及其指挥得当的小规模后备战，严重耽误了我军的行军进程。

首相致亚历山大将军：

1. 感谢你在电报中告知我关于在意大利趾形地区进行的作战计划。请你确切地告诉我，空降师夺取罗马的行动包括什么，以及指出这一行动的哪方面符合你的计划。尽管我们不得不深究细节问题，但是我们十分赞同你所提的这个大胆的策略。

2. 对于你所提及的塔兰托计划，我也非常感兴趣。你打算什么时候行动呢？

3. 我依然很关心实施"雪崩"计划之后的军队编制问题。当然，假如你能将那不勒斯港口的秩序恢复正常，你就能每周登陆两个师。请让我知道你计划安排我方军队登陆意大利的次序。新西兰师、波兰师、第四英印师、第一装甲师以及其他高级师何时加入行动呢？看来，你将要坚守前线，至少将其控制得如突尼斯最后阶段的战线一样宽——大概是一百七十英里——假如时间允许，谁也不敢保证德军会不会真正攻打我们的战线。

4. 我正在这里与罗斯福总统一同等待"雪崩"作战行动的结果，才好做评价，随后再返回英国。不过，我希望10月上旬去你那里，到时马歇尔将军也要从美国过来。我想到时和你说一些重要的事情。

1943 年 9 月 7 日

亚历山大在复电里说道，虽然意大利目前还不能宣布停战协议，但是我们必须要求意大利做出一些改变。由于意大利没有做好迎接美国第八十二空降师的准备，因此该师无法飞入罗马领空。他认为德军

已占领了罗马领空。"雪崩"作战行动应该按计划进行，但无须空军部队参与。第一空降师大约三千名士兵已经乘海军战舰向塔兰托出发，预计于9月9日抵达目的地。我们不能断定他们将会受到何种待遇。通过早日开放塔兰托港口，他希望可以向意大利增派编制部队。

与此同时，我们要着手竭力夺取罗得岛以及爱琴岛的其他岛屿。下面的章节会详细叙述。

＊　　＊　　＊

用过晚膳后，我和罗斯福总统在其白宫府邸的书房里聊天，庞德海军上将过来和我们讨论海军方面的问题。罗斯福总统问了他几个关于总体战况的问题。我信赖的这个海军朋友已经不像往常一样实事求是、精益求精了，要知道我原先就是欣赏他这样的品质，我感到十分痛心。罗斯福总统和我都深信他患了重病。次日清晨，庞德来到我的住所，说了一番让我感到很意外的话："首相大人，我是来向你请辞的。我中风了，我右边的身体大部分都麻木了。原本我以为这个症状很快就会消失，谁料一天比一天严重，我不能再胜任现在的工作了。"我立刻接受了第一海务大臣的辞职申请，并对他身体不适表达了深切的同情。我告诉他，从这一刻起，他就无须再为自己的职责操劳了，并敦促他好好休息几天，之后再随我一同乘坐"声威"号军舰回国。他当时完全控制了自己的情绪，他的言行举止始终毕恭毕敬。他刚迈出我的房间，我就立即致电海军部，要求他们派赛弗雷特海军上将暂代庞德的职位，直到下一任第一海务大臣走马上任为止。

＊　　＊　　＊

9月9日，我们与罗斯福总统在白宫召开了一场正式会议。前几日，帝国总参谋长和空军参谋长已乘飞机返回伦敦了，陪同我出席该次会议的是迪尔陆军元帅、伊斯梅和三个英国参谋委员会驻华盛顿的

代表。罗斯福总统携李海、马歇尔、金和阿诺德出席会议。我们就数份关于意大利舰队归顺我方的电报，愉快地拉开了此次会议的序幕。在会上，我表示无论意大利舰队到达何处，盟军都应该对意大利舰队以礼相待。

在筹备这次会议的过程中，我准备了一份备忘录给罗斯福总统，并在前些日子交给了他。他让我在会上将备忘录内容读出来，并将其作为我们此次会议讨论的基础。

1. 在分别之前，我们将召开一次联合参谋长委员会全体会议。此时召开这个会议再适合不过了。此次会议旨在观察世界的新形势。基于这个新形势，我们可能会得出这样的猜测，即当前在那不勒斯和罗马拉开的战役会取得胜利，并且德军会撤退至亚平宁山脉地区或者波河境内。

2. 假设我们得到了意大利舰队，那么我们得到的就不仅仅是意大利的舰只了，实际上，我们还得到了英国舰队，因为英国的舰队早已控制了意大利舰队。如此一来，我们的海军力量就会得到加强，攻打日本指日可待。我已经安排了第一海务大臣与金海军上将协商，派遣一支配备巡洋舰和辅助舰的强大英国作战分队，途经巴拿马运河和太平洋进入印度洋。在来年的两栖作战行动中，我们需要一支以科伦坡为基地的强大东方舰队。若在抵达印度洋基地之前，这支舰队能服役于美国太平洋司令部，并且投入有效战斗的时间能达到四个月，那么我会感到十分欣慰。我们无法提供多余的舰只。我目前还不知道这些后援部队的到来是否会增加原先美国太平洋舰队所负责的任务。撇开战略问题，英王陛下政府也期望加入太平洋战争中，力图在能力范围内援助美国同盟，此举更是出于对澳大利亚和新西兰的义务。我们的舰队横跨太平洋，无疑会严重打击日本的士气。日本现在一定已经意识到我们会对它实施沉重的海军打击了。此外，美国对这个行动也会非常满意，因为这证明了英国决心积极主动抗日，直至战争结束。

3. 我们必须逐渐引导群众了解我们以及联合参谋委员会的全部想法，也就是将意大利变成一个积极抗德的国家。虽然严格意义上来说，我们并未认同意大利是我们的盟国，但是我们同意意大利将功补过；同时，意大利对抗德国对我们是有益的；对于这样的行为，我们不但对其实行援助，而且还要使意大利劳有所获。若是意大利与德国之间的战争打响了，群众的偏见很快就会消除。待到时机成熟，我们若是能把控局面，意大利就会公开对德国宣战。至于意大利舰队悬挂意大利国旗的问题，以及在英美控制的舰只上安排意大利船员的人事问题，我们还需要再三斟酌。处置和充分利用意大利海军力量是一个宏观的问题，所以我们眼下需要高度重视这个问题。

4. 假设我们取得了在那不勒斯地区的决定性胜利，基于这个大前提，我认为我们会一致同意：在攻打德军主阵地前，先向北行军至意大利半岛。若是我们所到之处，意大利人民都拥护我们，他们的军队也都前来援助我们，那么部署十二个以上的意大利师，对于防守整个意大利前线以及分担盟军的压力都是十分有利的。假设那不勒斯战役结束以后，我们在德国主战场前线上没有遭遇顽固的抵抗，那么我们就不应该再长期以轻型的部队对抗敌军，相反地，我希望在年底以前，我们应该全力抗敌，越快越好。我们切不可压缩"霸王"作战计划的规模。在这个关键的节点，我们必须牢记我们曾经的协议：从11月伊始就要陆续撤离那七个师。最重要的是，我们要促使意大利师与我们统一战线，并且我们的国家政策要适时调整以实现该目的。

5. 鉴于这些新的可能性，我一直在计划着1944年的战役。我始终坚信，在意大利半岛狭窄地区以外向北行军，需

要小心谨慎。当然，假设德军撤退至阿尔卑斯山脉地区，那么就会出现另一种情况。但是，假如战况没有这样发展，考虑到"霸王"作战计划的需求，我们就无法将战线展开甚至延伸到伦巴第平原以外的地区。我们也一定要考虑到，德军是在内线作战的，他们可能会在意大利前线部署一支部队，这支部队或许比我们在今年年底驻守在那里的还要精锐。我们不能排除德军对我们实施猛烈反攻的可能性。我希望大家思考一下，我们在攻打德军主阵地时，是否应该修建一条深度适当且坚固的防线。为了达成此目的，我们可以大量使用意大利军工。当然，意大利也可以参与防御该战线的工作。因此，待到明年春季敌军势力薄弱之时，我们就可以在该战场发动进攻，并且起到震慑敌军的作用。或者是利用我们的空军力量保住防御的地位，那时候我们的空军力量就已经可以在防线后方组建起来，我们还可以调遣一部分军队前往其他地区作战，去东部或者西部都可以。希望大家可以研究下这个计划的可行性。

6. 我们双方都深刻认识到巴尔干地区局势的重要性。我们还应该明白的一点是，地中海最高指挥部已经全力投入当前的战争，但他们并没有忽略巴尔干爱国武装部队的需求。我们必须马上研究意大利的军队问题。驻中东的总司令威尔逊将军下达了命令，这些命令充分考虑了当前的局面，但是我们要确切了解这些命令的意图。假设意大利加入抗德的战争中，那么就会对战局产生深远的影响。当然，我们没有必要从巴尔干南部向其北部进攻。如果我们能与巴尔干半岛爱国者和意大利军队之间达成协议，那么我们就有可能在达尔马提亚海岸迅速开辟一个或者多个优良港口了。如此一来，军火和军需就可以用船运进来，并且，听令于我们的所有军队都会因此提高作战能力。德军尤其苦于物资问题，因此在这个战场上的处境就会变得岌岌可危。只有横贯意大利北部

的防线完成以后，我们才有可能抽调一部分军队到地中海战场作战，由此，从达尔马提亚港口出发向北部和东北部的进军队伍实力才得以加强。当前，我们应全力组织军队打击整个巴尔干半岛地区的德军势力，并为该次作战派遣间谍人员、提供武器以及做出正确的指示。

7. 最后，我们是时候讨论这些岛屿问题了。我预测撒丁岛很快就会投降，但是我们还需要给意大利方面派去支援，才能促使当地的德军缴械投降。在科西嘉岛，德军或许已经战败，但是那里仍然是法国远征军的基地。就算法兰西民族委员会只调遣一个师，科西嘉岛也会很快得到解放。毋庸置疑，我们可以从当地壮丁中再招募至少一个或者两个师。威尔逊将军发来了一封电报，他在电报中表示：目前在罗得岛和多德卡尼斯群岛中实施的作战计划均取得较好的进展。但是就当前驻中东的军队情况来看，我不确定军队是否得以充分利用。对于所有营级以上的部队，我会立即展开调查，以期在各种小规模的军事行动中可以调遣这些临时组建的远征部队和卫戍部队。

8. 我们期待保加利亚、罗马尼亚和匈牙利对目前的局势做出正确的回应，这会对局势产生深远的影响。那么就算我们不向他们提出任何请求或者要求承担任何责任，他们都会再次在土耳其地区展开军事行动。针对所有的工作，高层军官需要从军事和政策方面着手考虑。假如你愿意，我们不妨今天下午就开始着手初步的调查。

1943 年 9 月 9 日

根据以上文件所提到的内容，我们双方基本上达成了一致。在接下来的几天里，参谋长们针对必须采取的行动进行商议。

次日，罗斯福总统离开了华盛顿，回到海德公园的家中。他和我说我不但可以将白宫作为住所，还可以在白宫举行任何会议，不限于

是和聚集在华盛顿的大英帝国代表开会还是和美国军事首脑开会；只要我认为有必要，我可以毫无顾虑地召开全体会议。我充分利用了罗斯福总统慷慨地为我提供的这些便利。意大利的局势迅速发展。那不勒斯地区的战役激烈且关键，并且取得了一定的进展。由于我们希望对以上两件事进行评估，于是我于 9 月 11 日在白宫召开了另一场会议，会议由我亲自主持。美国方面由李海海军上将、马歇尔将军、金海军上将、阿诺德将军、哈里·霍普金斯、艾夫里尔·哈里曼和卢·道格拉斯等人代表出席。而我则携迪尔和伊斯梅以及联合参谋长委员会的三名代表出席了该次会议。

我们在会上讨论了当前遇到的所有问题。马歇尔将军向我们汇报了那不勒斯地区的情况，以及德军迅速增援的情况。阿诺德将军提及，目前我们有三千多架飞机在意大利领空参与作战行动，他还说，我们的飞机数量比德国所有前线的飞机数量还要多。我将会议的焦点集中到棘手的提议上，即在意大利本土建立我们的武装力量。我说道，对于截至 12 月 1 日我们只能集结十二个师这个事实，我曾经非常担忧。每一个师都对组建意大利的军队势力起着至关重要的作用。即便是早些派遣一个师到前线，情况都会大有不同。马歇尔将军完全认同我的看法，并说应尽力执行增派援兵一事。

随后，他告诉我们，美国空军部队已经成功着陆南太平洋战场。由于美国空军降落在马克汉姆河谷，再加上他们在海上展开突袭，实际上已经迫使拥有八千到一万兵力的日本卫戍部队处于孤立无援的境地。美军炮轰萨拉马瓦，并兵临莱城。很快地，我们就会占领机场，而敌军的飞机场就会变得不堪一击。由此一来，整个海上战局会发生翻天覆地的变化。日本在新不列颠岛的地位也许很快就会瓦解。同时，也有迹象表明，日本已从所罗门岛撤离。

能在白宫议事厅主持该次由联合参谋长和英美代表参加的会议，我感到十分荣幸。而这次会议也似乎成了英美历史上的一次重要事件。

EIGHT

萨勒诺之战

英美联军登陆萨勒诺——德军负隅顽抗——攻占塔兰托——海军部给予支援——我们登上"声威"号——获得胜利——玛丽遇险——占领那不勒斯——蓄势待发

9月8日晚上，亚历山大将军发来一封"齐普"①电报。当晚，盟军舰队抵达了萨勒诺海滩，他们在英国的广播中听到了意大利宣布投降的声明。对于那些为了备战而紧张不安的士兵们，这个消息的确让他们大吃一惊，使他们紧绷着的神经暂时得到放松，但这对他们的心理也有不利的影响。很多士兵认为，他们明天会轻而易举地完成任务。但是，军官们极力纠正军中这样的说法，并指出，无论意大利军何去何从，德军都必将顽固抵抗。这的确让人觉得扫兴。虽然如此，正如坎宁安海军上将曾指出，若是再隐瞒停战协定的存在，将会失信于意大利人民。

在一支强大的英国舰队的掩护下，突击护卫队驶进了萨勒诺海湾。突击护卫队在途中受到了零星的空袭。敌军也意识到突击护卫队在逼近，但是直到最后一刻，他们才知道哪里遭到了袭击。

黎明之前，由克拉克将军领导的第五集团军开始登陆。美国第六集团军和英国第十集团军负责展开突袭，而英国突击队和美国突击队负责攻打北翼。由于德军发现了我们在海上的突击护卫队，加上艾森豪威尔将军前晚的广播，所以附近的德军行动迅速。德军解除了意大利军队的武装，接管了所有的防御工事，并且充分利用了意大利军队

①　总司令发来表示战役开始的信号。——译者注

早期登陆时用于防御的先进武器。我们的士兵在涉水上岸时，遭遇了敌人精心埋伏的炮轰，因此损失惨重。我们要为这些士兵提供空中掩护是非常困难的，因为我们大部分战斗机在离西西里岛很远的地区作战，但是幸好这些战斗机得到了载舰机的增援。

　　美国第六集团军穿越沙滩地带后，行军取得了很大的进展。到了11日晚上，第六集团军行进了十英里，而其右翼部队返回了海边。英军则遭遇了敌军顽固的抵抗，但他们仍成功占领萨勒诺和巴蒂帕利亚。蒙特科尔维诺飞机场也成为我们的囊中之物，但由于该机场仍是敌人炮火轰炸的目标，所以它无法为我们的战斗机提供急需的地面加油站。德军行动非常迅速。当英国第八集团军正向意大利趾形地区艰难前进时，对抗第八集团军的德军就已全速抵达这个新战场准备应战。德军从北部调来了三个师的大部分兵力，并从东部调来一个伞兵团。由于缺乏舰只，尤其是缺乏小型舰只，我军增援部队的抵达速度相当慢。虽然德国空军部队因在西西里岛防备松弛而损失严重，但仍然全力投入战斗中去，加上他们使用了新型无线电控制的滑翔炸弹，使我们的航运损失惨重。盟国空军利用一切资源阻碍敌军后援部队的到来，并轰炸其后援部队的集结点。战舰驶进了萨勒诺湾，并向盟国空军支援最重型的大炮。在蒙哥马利的鞭策下，第八集团军与同样处于困境的第五集团军取得了联系。所有的一切对我们都有天时地利人和的帮助。据一位德国高级军官的说法，德国纳粹空军失去了战斗力并且对我方海军的炮轰毫无防御之力，这些都是冥冥中注定的。

＊　　　＊　　　＊

　　正当萨勒诺战役激烈地开展之时，亚历山大将军和坎宁安海军上将对塔兰托发动了一次影响深远的突袭。他们执行力强，在危急关头正确地处理了危机，值得享受军中的最高荣誉。塔兰托是一个优良的港口，可供全军使用。对于我们来说，意大利投降似乎证明了亚历山大将军冒险的正确性。我们没有运输飞机，也没有普通舰只来运输英国第一空降师。英国第一空降师有六千多名士兵，这些士兵都是经过精心选拔的，他们乘着英国战舰出发了。9月9日，也就是登陆萨勒诺海滩的当天，英国皇家海军勇敢地驶进了塔兰托港，并在岸边卸下军队。整个过程没有遭到任何阻挠。我们的一艘巡洋舰被鱼雷击沉，这是我们海军遭受的唯一损失。

我和随从人员并没有坐飞机回英格兰，因为我们要坐船回去。这是我们原本的计划，且"声威"号军舰已经在哈利法克斯港口等着我们了。我曾下火车与罗斯福总统道别，所以在萨勒诺战役爆发之际，我与他正在海德公园。12日当晚，我坐上了火车，继续前往哈利法克斯的旅程。14日清晨，我到达了哈利法克斯。在途中，我收到了各种报告和报纸，看到上面的内容，我感到十分焦虑。人人都知道，一场关键而且持久的战役正在进行着。我尤其关心这场战役，因为我一直强烈主张海上登陆，并且我的重要责任是促使战役取得胜利。出其不意、猛烈攻击以及速战速决是任何两栖登陆取得胜利的重要法宝。第一个二十四小时过后，我们的海上攻势就会丧失肆意袭击任意地点的有利条件。一开始只有十个敌军的地方，过了二十四个小时以后或许就会有一万个敌军。不知不觉中，我的思绪飘到了数年以前。那是1915年，斯托普福德将军在苏夫拉湾的海滩上等了差不多三天，而马斯塔法·凯末尔将军则从布莱尔战线调遣了两个土耳其师，向未加设防的战场进军。我记忆中还经历过这么一件事：当时奥金莱克将军还在开罗总部，他站在自己的立场，用惯性思维审视着他所负责的这片广阔且风云变幻的战场，然而沙漠的战局与他所想的完全背离。我十分信任亚历山大将军，但是当我们的火车驶过新斯科舍省那令人心旷神怡的土地时，我还是担忧了一整天。最后，我给亚历山大将军写了一封信，料想他必定不会反感这封信的内容。起航后，我才将这封信寄出。

首相致亚历山大将军：

1. 首先，我希望你能关注有关"雪崩"作战计划的战

役，毕竟这场战役关乎一切。参加这场战役的指挥官此前都未曾参加过如此大规模的战役。伊恩·汉密尔顿听从其参谋长的劝告，停留在偏远的中心地带，他原本以为在那里可以了解一切情况，但是就这样，他输掉了苏夫拉湾战役。要是他那时在战场上，他就可以扭转战败的结局了。我远离战场，加上信息传递需要一定的时间，我不能随便作评判，但是我有必要将我过去的经验教训告诉你，这是我的责任所在。

2. 为了取得那不勒斯战役的决定性胜利，我们要竭尽全力利用一切条件。

3. 不管你需要什么，尽管向我提出请求。我会不顾一切，优先为你安排必要的补给。

1943 年 9 月 14 日

他及时回了我的电报，这让我感到十分欣慰。

亚历山大将军（驻萨勒诺）致首相（在海上）：

我已经接受你明智的建议。现在我正亲临战场，与第五集团军共同战斗。我想你知道这些一定会很高兴。非常感谢你对我的帮助。我们正在尽最大的努力以取得"雪崩"作战计划的胜利。至于该计划的结果如何，未来几天就能见分晓了。

当得知坎宁安海军上将毫不犹豫地命令他的战舰驶进海岸，以援助陆军，我感到十分欣慰。"厌战"号和"英勇"号抵达马耳他，引导意大利舰队主要舰只投降。14 日，坎宁安海军上将派遣这两艘战舰驶向前线。次日，这两艘战舰就参与行动中。它们的重型机枪由空军指挥，发射精准，对于打败敌军起着非常重要的作用，这给敌军和友军留下了深刻的印象。不幸的是，16 日下午，"厌战"号遭遇了一枚新型滑翔弹的袭击，失去了战斗力。关于这一点，我们只了解了

一些情况，具体情况有待深入了解。

1943 年 9 月 15 日

首相（在海上）致坎宁安海军上将（在阿尔及尔）：

　　我很高兴你能派遣"厌战"号战舰和"英勇"号战舰参与行动。这次的战役极其重要，也证明了你的行动是正确的。请代我向参与行动的将士问好。

1943 年 9 月 15 日

我还收到了以下电报：

斯大林元帅致罗斯福总统和丘吉尔首相：

　　恭喜你们又一次取得新的胜利。让我感到特别欣慰的是你们成功地登陆了那不勒斯。毋庸置疑，我们成功登陆那不勒斯以及德意关系的破裂，对于希特勒政府来说是一个巨大的冲击，这对正在苏德前线作战的苏联军队来说，也是一个难得的机会。当前，苏联军队的进攻正在顺利地进行着。我认为在未来的两三周内，我们还可以取得更多战果。在未来的几天内，我们有望收复新罗西斯克港。

1943 年 9 月 14 日

在"声威"号上，我们都感到如释重负。"声威"号是一艘壮观的舰艇，泊靠在轮船码头边上。庞德海军上将已经在船上了，他是直接从华盛顿过来的。他和往常一样举止无异，没有人想到他已经身患重疾。在返回英国的路途中，我邀请他与我共餐，但是他说他更愿意在他的船舱里与自己的参谋官共餐。登上"声威"号不到半个小时，我们就起航了，之后花了六天的时间才艰难地横渡了大西洋。

*　　*　　*

　　萨勒诺战役一直在持续着。电报蜂拥而至。亚历山大将军考虑非常周到，他让我获悉了全部的情况。他的电报写得很生动。读了他的这些电报，我就对战局一目了然了。

　　亚历山大将军致首相（在海上）：

　　第五集团军的战线十分宽阔，我刚刚才从那里巡视回来。我会见了两军司令官、所有的师长以及前线的几个旅长。虽然我对战争形势并非完全乐观，但是相比昨天，我现在觉得战局乐观多了。以下是我的理由：

　　自从13日晚上起，德军就再也没有发动过猛烈的攻击了。这为我们提高战略地位争取了时间，使我们那元气大损的军队得以休整，并且得到人力物力方面的增援。第八集团军也行军至离我们更近的据点。我还鼓舞了他们的士气，并向他们发出一些指示。以下指示是最重要的：守住我们已经占领的阵地；通过挖战壕、拉铁丝网以及埋地雷等方式，不惜一切代价加强关键据点的军事防御；重组零散和混编的部队和方队；组建地方后备部队，并且竭力使得机动后备部队变得尽可能强大。请通知各部队：第八集团军正在迅速向我们靠拢，并且增援的人力和物力正夜以继日地向我们赶来。我们目前的弱势（原因）如下：德军能够迅速地集中精锐部队，这速度比我们集结足够的兵力守卫第一次冲锋所占领的据点还要快；德军占领了大多数制高点，并在海滩上监视着我们；我们的部队已经疲乏不堪了；那里几乎没有纵深的阵地；我们暂时失去了战斗的主动权。阿韦利诺地区在敌军战线的后方，昨晚我们的空军就在该地空降了一个伞兵团。第八十二师也调遣飞机将一千六百名士兵运送过来。我已经和

海军部商讨，派遣巡洋舰将一千五百名英国士兵从菲利普维尔运送过来。这些增援将会在四十八个小时以内抵达此地。我已经敦促美国第三师加快速度赶来，望他们能于 18 日开始登陆。

第七装甲师的第一批士兵将于今晚抵达，但是他们登陆和集结需要一些时日。一个步兵旅也将于今晚抵达。三个飞机场起落跑道刚刚竣工。喷火式单座战斗机现在正从萨勒诺附近起飞，出发执行任务。

全部的空军力量都集中于该战区。我们要重新获得主动权，只要我们兵力足够强大，即可开始攻占重要据点。上帝会保佑我们这个正义的事业的，只需要一点点运气，我们的军队就会取得胜利。

1943 年 9 月 16 日

首相（在海上）致亚历山大将军：

"抓住一切"是福煦的名言。他的名言正好可以表达我对"雪崩"作战计划的感受。海军部将重型战舰投入战斗的这种做法非常正确，对这场战役具有深远的意义。我预感你将会取得胜利。

1943 年 9 月 16 日

首相致亚历山大将军：

1. 得知你已经对整个"雪崩"战役的局势有了个人见解，我感到非常高兴。正如你所知，我曾经很担心关于筹备"雪崩"战役的兵力进展问题。蒙哥马利预计 17 日会将第八集团军投入战斗中。这的确是个好消息。

2. 对比海军力量，我军占的优势比较大，所以在分舰队中使用战舰是非常明智的做法。

3. 祝你一切顺利。请随时与我保持联系。虽然我此时正航行在大西洋的中央，但是我全日都能收到电报。

1943 年 9 月 16 日

　　未来的三天非常关键，在这三天里，战局仍然悬而未决。敌军攻陷了巴蒂帕利亚。虽然第五十六师因损失惨重而实力减弱，但还是成功地阻止了敌人从巴蒂帕利亚向海边的战线蚕食。在美国第六集团军的战线上，敌军发现了英美两军之间的防守缺口，由此钻了空子。他们从北部挺进，横渡塞莱河，直逼美军背后的登陆沙滩。多亏了美国炮兵的防守，他们才及时阻止了敌军的前进。盟军在千钧一发的时候守住了战线。美军第四十五师原计划是要作为后备部队留在战舰上的，现在正与第六集团军在前线上全力奋战。增援部队也陆续到来。英国第七装甲师和美国第八十二空降师也经由海上和空中赶来。这六天以来，我们艰苦奋战，也曾面临巨大的危机，但是德军迫使我们退至海上的计划并未得逞。15 日，凯塞林意识到他即将要吃败仗。他下令将部队转移到萨勒诺上面的高地，并以此为战线右翼。他已经开始将整个战线往后撤退了。18 日，第五集团军和第八集团军联手战斗，我们获得了胜利。

＊　　　＊　　　＊

亚历山大将军致首相（在海上）：

　　战争的总体形势逐渐乐观，我们也逐渐获得战争的主动权。英国第十军在战线北面曾遭到几次较为猛烈的攻击，但是我们都击退了这些进攻。在第六军的前线，美军采取进攻的策略，并且阿尔塔维拉的战斗依旧在持续着。您也知道，隶属第五集团军和第八集团军的先头部队已经联合作战了。第七装甲师的登陆行动也正顺利地进行着。一千五百名步兵增援部队昨晚已经抵达第十军据点。一千六百名美国援兵预计在未来一两天内抵达。美军第三师将于明晚登陆。弹药和

军需供应充足。第八集团军正向阿卢伊塔和波坦察进军。但
是直到我写这封电报的时候，我还未收到任何关于第八集团
军先锋队位置的报告。英国第一空降师正在塔兰托地区积极
作战，该师曾经与加拿大军联合作战，但是由于实力薄弱，
只能实施一些干扰德军的行动。第七十八师预计于 9 月 22 日
登陆塔兰托；第八英印师预计于 9 月 23 日登陆布林西迪。当
前，我的目标是组建起三支战斗部队：在萨勒诺地区组建美
国第五集团军；中间地带组建第八集团军；以及在塔兰托地
区组建接受第八集团军指挥的英国第五军。从这些戒备森严
的基地出发，我们就可以向北部进军。我曾下达指示，以实
现以下目标：第五集团军以萨勒诺西北的山地为中心，占领
阿韦利诺附近的高地；第八集团军则攻占波坦察地区。下一
个目标是：第五集团军攻占那不勒斯港口；而第八集团军则
攻占福贾地区。我对于目前的状况或许是过分乐观的，但是
我不想因此误导您。现在我们已经掌握了战局，以后也能按
照计划实施后面的军事行动，这让我感到高兴。

1943 年 9 月 18 日

当我们抵达克莱德湾的时候，亚历山大将军发来了一则重大的
消息。

亚历山大将军致首相：
　　我可以很自信地告诉您，如今整个战局已经变得对我们
有利，并且我们已经取得了战争的主动权……
　　明日我将返回锡拉库扎总部。

1943 年 9 月 19 日

9 月 21 日，我给艾森豪威尔发去贺电，并请求他代我传达对克拉
克将军的敬意。

首相致艾森豪威尔将军（在阿尔及尔）：

1. 你所领导的登陆行动取得了胜利，并将我们的军队部署在北部。为此，我向你表示祝贺。引用威灵顿公爵①在谈论滑铁卢战役说过的一句话，"我们只是险胜了这场战争"，但是战争的结果已经证明了你所采取的冒险措施是正确的。我已得知克拉克将军立了大功。要是你不介意，请代我向他发一封电报表示祝贺。我们注定要一起合作，而且合作方式是前所未有的。

2. 假如你能应付得过来，我认为很有必要派遣更多法国军队前往科西嘉岛或者是派遣一支人数足够的英美部队前往撒丁岛。现在我们已经拥有了得天独厚的港口用于登陆，这些港口或许不用于运载作战设备，但是有了这些港口必定会鼓舞意大利军队、法国人民以及当地爱国人士的士气。

3. 关于与意大利政府合作事宜，我们会全力支持你。同时我也有信心，事情会如你所愿。

4. 陆军元帅史末资将于周一也就是 9 月 27 日当天抵达开罗。他将与凯西一道，并在返回伦敦的途中在你的战场待上四天。他是我极其信任的人，你可以随意与他讨论一切问题，不必拘束。他将会在伦敦待上数月，因为他要履行作为英国战时内阁成员的所有职责。在英国，他对公众舆论起着十分重要的作用。若你能好好招待他，我将不胜感激。他是一个了不起的人物，也是我最珍重的朋友。

1943 年 9 月 21 日

*　　*　　*

要是我知道我那几个孩子发生了什么事情，我这六天的航程就不

---

① 即阿瑟·韦尔斯利（1769—1852），第一代威灵顿公爵，拿破仑战争时期的英国将领，曾任英国首相，被称为"世界征服者的征服者"。——译者注

会那么愉快了。9 月初的时候，伦道夫①在马耳他待了一些时日。他在那里遇到了莱科克准将。莱科克准将是我们父子俩共同的好友，他知道局势的发展方向。他说："突击队有个大展身手的机会。你要加入吗？"就这样，伦道夫跟他去了突击队，并投身于战争。

玛丽经历了另一种不同的危险。当时"声威"号正在波涛汹涌的大海上航行，有一个军官向玛丽提议到上层甲板区去散步。那个军官应当清楚，船在曲折前进的时候，任何人都禁止到上层甲板散步，因为那个时候谁也无法预计拍上甲板的海浪有多大。当军舰转换方向的时候，玛丽和她的同僚正倚靠在船尾的栏杆上。"哇！你看！"她说，"那片美丽的浪花正向我们涌来！""抓紧栏杆！"发现了危险的军官大声喊道。一瞬间，他们被巨浪扫摔在甲板上，从甲板卷到船舷的排水口。要不是被一根竖立的栏杆拦住，恐怕玛丽早就翻到船舷外掉到海里去了。舰长在塔楼后面目睹了事情的经过，正准备投放"抢救落水者"的救生圈。但是那时，舰只改变了方向，将原本涌上甲板的海水冲到了船的另外一边。玛丽被海水冲了回来，并设法抓住了一个锚索。那个军官就没有那么好运了，他被海水冲来冲去，从船的这头到船的那头。有人把他们拖回了安全的地方，但是他们全身都已经湿透了。那位军官受到了严厉的批评。玛丽去换了身衣服。关于这件事，那时候她一个字也没有和我讲，直到我们登陆了才告诉我。

在我的私人圈子中，发生了一件令人高兴的事。在随行的皇家海军女子服务队中，有一个女孩的相貌非常出众。我的私人秘书莱斯利·罗恩，在海上航行的这些日子里，一直在追求那个漂亮的女孩，并赢得了她的青睐。但是他们并没有和随行的相关人员透露这件事情。如今，他们已经幸福地结为夫妻了。

在我们抵达伦敦之前，我收到了以下电报：

① 伦道夫·丘吉尔是温斯顿·丘吉尔的父亲，英国政治家。——译者注

罗斯福总统致首相：

得知你们已安全回到英国，我感到非常高兴。希望你们在航程中没有遇到不顺心的事情。我这里一切都还算顺利。到现在为止，国会会议已经持续了一个星期，一切都顺利。祝愿你们三位一切安好。

1943 年 9 月 20 日

*　　*　　*

一旦我们取得了萨勒诺战役的胜利，那不勒斯和福贾的飞机场就会为我们所用。英国第十军携手其右翼部队美国第六军，击退了在维苏威火山附近的敌军后卫部队，随后行军至庞贝古城和赫库兰尼姆的废墟遗址，并挺进那不勒斯。现在，我们将集中兵力重建港口。这个港口几经敌人残忍蹂躏，已经变得分崩离析，无法使用了。虽然如此，但是美国人很擅长重修港口且工作效率高，所以不出两周，这个港口就可以恢复每天运输五万吨补给的航运量了。城市附近的两个飞机场很快就可以投入使用，这对于我们的战斗机中队来说确实是一个好消息。毕竟到目前为止，我们的飞机中队还是在临时修建的起落跑道上起降。与此同时，驻扎在东海岸的第一空降师已经于 9 月 15 日前往乔亚和巴里完成巡逻任务。第一空降师成功登陆后，第七十八师和一个装甲旅也成功登陆，并且与第五集团军大部队一同与第八集团军会师了。与此同时，六支皇家空军中队开始从乔伊亚机场出发，前去执行任务。9 月 25 日，敌军撤离福贾机场。突击队经由海上登陆，并占领了特尔莫利。突击队曾在后援部队的帮助下，抗击了敌人的猛烈反攻。

*　　*　　*

我回国几天后，给艾森豪威尔将军发了一封电报。假设读者读过我在秋季和冬季写过的全部电报和备忘录，那么就一定不会忘记这封电报的内容。电报的第二段内容旨在确立我们各项作战的用兵比例，尤其是在那些配备不恰当地区的兵力，因为这些地区对我们的各项工作进展都有很大的影响。下一章将讲述人们论战该问题的内容。战争给我们提出了关于正确利用现有资源的论题，因而我们不能将问题简单理解为"一次只做一件事"。

　　首相致艾森豪威尔将军（在阿尔及尔）：

　　1. 我一直敦促你从各方面采取行动。为了完成这几个迫切的目标，我有必要跟你说说我的想法，即完成这个任务的优先顺序。

　　2. 我们要将五分之四的军事力量用于组建意大利军队。我们要将十分之一的军事力量用于确保科西嘉岛（该项任务即将完成）以及亚得里亚海战区的安全。剩下十分之一的军事力量应该用于全力攻占罗得岛。当然，这样的军事力量分配，只适用于有限的资源。我认为，有限的资源其实指的主要是登陆艇、突击舰以及轻型海军战艇。

　　3. 我给你这样的建议，其实只是我大体的思路。我不想让你觉得我没有了解你面临着有限资源的困扰，就一味地从各方面催促你同时采取行动。

1943 年 9 月 25 日

艾森豪威尔将军致首相：

　　我们正在仔细地审查各种资源，以便在该计划中为中东提供必要的援助。我感觉我们应该可以满足中东方面对资源的最低要求。

　　如果蒙哥马利可以将他的大部分兵力用于支援第五集团军的右翼部队，那么那不勒斯前线的战事就会进展得很快。由于联合作战的早期阶段总会这样发展，所以我们在战术上和后勤上要处理的事情会很多。我正努力改善这种情况，不

久之后，您就会听到好消息。

1943 年 9 月 26 日

艾森豪威尔将军在上一封电报中，并没有提及我在电报中所认为的事关全局的要点，也就是展开辅助性军事行动所需的最少军事力量的比例问题。

＊　　＊　　＊

我与亚历山大和蒙哥马利继续保持通信。

首相致亚历山大将军：

1. 对于第八集团军被迫放弃其掉队部队一事，我表示十分理解。

2. 我十分赞成在广阔战线上进军的这个主意，因为这样敌军难以抵抗。但是我建议你可以派遣小规模的两栖作战部队，这样可以帮助你们的部队进军。

3. 我曾经在议会上宣布意大利战役是"第三战场"，我想不久之后你就会明白我为什么这么说了。第二战场在英国，虽然它尚未正式成为第二战场，但是正在酝酿之中。我们要坚持这个说法，因为这样可以减少苏联人的不痛快，并且可以避免和他们争论意大利战役是否是第二战场。

1943 年 9 月 25 日

英美第五集团军于 10 月 1 日进入那不勒斯。

首相致艾森豪威尔将军（在阿尔及尔）：

我们在中东的战事取得了重要的转机。同时我们还在该次战役中意外地收获了撒丁岛和科西嘉岛。愿我们未来一切

顺利。

1943 年 10 月 2 日

首相致亚历山大将军（在意大利）：

我认为第八集团军从东翼进军有着重要的意义。

我注意到，蒙马利不久之后就会停止前进，以便补充物资，不过我相信这并不会影响他的巡逻兵和轻型部队继续跟踪敌军的后备部队。根据我们收集到的情报，敌军的目标是：在没有严重损失的情况下，争取时间向北撤退。无论如何，敌军再也没有实力建立一条战线与你所部署的军队正面交锋了。我认为，我们如今在战争中所获得的有利地位，归功于你此前成功地攻下塔兰托。塔兰托的海港条件得天独厚，对我们的战争起着非常重要的作用。真诚地希望，你接受我对你这一军事行动的称赞。

我已经研究了你此前交代部下送回国的计划书，我也了解到你已经完成了你计划书中的第一和第二阶段。我期望你能在本月底前后完成该计划的第三阶段，那么到时，我们就可以在罗马会面。

1943 年 10 月 2 日

亚历山大将军致首相：

看到你的电报，我觉得很温暖，也感到很感激，感激你对我的赞誉。只要皇家空军部队可以顺利组建，我们的行政工作可以顺利进行，那么一切都会顺利展开。

如今，我已经将我的大本营建立在巴里了。因为巴里靠近战场前线，并且方便我与两个集团军的司令和主要基地取得联系。当然，我还可以和科宁厄姆空军中将在一起。

总的来说，一切都会进展顺利。当我们的主要部队不能接近敌军时，我们的轻型机动部队和空军部队会不断地干扰

敌军，以及对他们的后备部队施加压力。

1943 年 10 月 3 日

首相致蒙哥马利将军（意大利）：

看到第八集团军如此浩荡地进军，我感到非常高兴。对于你所取得的成就，我表示热烈的祝贺。我想你应该还记得那天在黎波里我跟你说过，我们将在何处会面。

1943 年 10 月 2 日

蒙哥马利将军致首相：

感谢您的来信。我们已经行军了很远的一段路程，并且行军速度非常快。其实我所做的一切，都是为了援助第五集团军，但是我的后勤曾面临巨大的压力。在这次行动中，我曾将后勤部队从意大利的趾形地区转移到踵形地区，如今，后勤部队所能承受的压力已经到了极限。待我攻占特尔莫利——坎波巴索这片横线地带之日，我将下令让我的主力部队做短暂的休整。在休整过后，若是我的后勤部军需充足，我就会派遣轻装部队前往横线地带进军。派遣轻装部队进攻容易攻下的地区，效果会很显著。短暂的休整过后，我将全力进军佩斯卡拉和安科纳。我期待在罗马与您相见。

1943 年 10 月 5 日

＊　　＊　　＊

如今，我们的两个集团军都被迫停止进军。第五集团军已经进军至那不勒斯北部，他们在沃尔图诺河一带遭遇了敌人顽固的抵抗。若要攻破敌人的抵抗，第五集团军需要一些时间和军需。在第八集团军进军至意大利趾形地区时，蒙哥马利高瞻远瞩，为了抵达萨勒诺战场，他冒着一切后勤方面的风险。现在，他的军事基地不得不从勒佐的趾

形地带转移到塔兰托和巴里的踵形地带。在完成转移任务之前，第八集团军已经是强弩之末了。再者，攻占福贾之后，我们可以着手对其飞机场实施猛烈的炮轰以达到夺取福贾飞机场的目的。这是一项工程浩大的任务。我们既要准备上千吨的军需，还要循序渐进，一步一个脚印。10月中旬的时候，德军在意大利部署了十九个师，而我们盟军在意大利只有相当于十三个师的兵力。为了确保我们能迅速出击并且赢得辉煌战果，我们需要大量的援军，并且要大力加强我们的战线。所有的这些都给我们的船运施加了压力。

我们在9月的确战果累累。英美海陆空三军合作已经达到了新高度。德国驻意大利第十集团军的司令官宣称，英美海陆空三军在一个高级司令的统率下合作无间，这让德国人嫉妒不已。意大利舰队已经落入我们的手中。虽然德军大肆阻挠意大利空军部队和陆军部队加入我们，但是意大利方面已经不再对抗我们了。我们已经在激战中击败了敌军，并且我们的军队已经成功地进军至意大利靴形地带的三百英里处。在我军后方，我们还占领了飞机场以及港口。我们可以扩建这些飞机场和港口，以满足我们的需求。在参谋长委员会上，一直有人强烈主张袭击撒丁岛，而不是去攻打意大利。但是，我们在9月19日轻而易举地拿下了撒丁岛，这对我们来说是一个意外的收获。两周后，法国军队占领了科西嘉岛。对于攻打意大利的计划，我们是经过了深思熟虑的思想斗争才决定的。事实证明，如今我们取得的成果已经超出了那个主张攻打意大利的参谋委员的想象。

得益于艾森豪威尔将军对这次战役的付出，这次短暂而激烈的战役取得了振奋人心的胜利。尽管具体的工作是由亚历山大将军执行的，但是最高司令官艾森豪威尔将军确实采取了有利英方立场的措施，并且他已经准备为该次战役承担最大的责任。他手下的军事长官顽固坚持对缅甸的作战计划，并且将"霸王"作战计划放在首位，这样的做法，到更低一级官员那里变得更迂腐。毋庸置疑，在这个阶段，意大利对我们来说就是最大的战利品。我们原本可以为意大利提供更多人力物力，而这并不会对1944年的横渡英吉利海峡计划造成任何延误。

第九章

NINE

忙于国事

延迟作战受到批评——关于第二战场的争论——铲除纳粹暴政和普鲁士军国主义是我们的目标——关于无人机投放炸弹的警示——需要集合意大利的力量——财政大臣金斯利·伍德爵士去世——约翰·安德森爵士接任财政大臣一职——海军上将庞德去世——重建下议院大厦——任命伍尔顿勋爵为建设大臣

返回英国的航行途中，我准备了一份演说稿，打算回国后在议会上发表。我很清楚回国后我将会受到何种批评。现如今，我们在战争中接连取胜，下议院和新闻媒体界的不满分子怎可能不借题发挥。

9月21日，也就是登陆后的第二天，按照先前的计划，我向下议院作了一个汇报，汇报用时不少于两个半小时。为了避免议员们零零星星出去吃午餐，我请求休会一个小时。议会批准了我的请求。

第一种控诉是，我们和意大利政府的谈判其实是徒劳的，这样的做法使得我们在攻打那不勒斯的时候浪费了很多时间。针对这一点，我做出了有力回击。

我了解到，有人说四十天的时间十分宝贵，就这样浪费在这些谈判上，以至于英美军队在萨勒诺战场上无谓牺牲。实际上，这样的指责是毫无依据的，也伤害了那些战死沙场的战士的亲友。我们在确定对意大利发动主要进攻的日期时，丝毫不会考虑意大利政府的态度。事实上，我们暂定的发动进攻的日期早在我们和意大利政府谈判之前就定下来了，甚至比墨索里尼政府倒台还要早。发动进攻的日期是根据我们从西西里岛南部撤回登陆舰所需的时间而定。直到 8 月份的第一周，我们实际参战的主要部队才从西西里岛南部获得稳定供应。随后，这些登陆舰被调回非洲战场。那些遭到损坏的战舰大部分都需要修复，还要按严密和复杂的程序运载军需品。只有解决了这些问题，这些军舰才可以执行其他两栖作战任务。

我想，你们也意识到这些事情必须严密安排。每一艘登陆舰和战斗艇都要按照严格的程序装载军需品，如此一来，这些军舰登陆的时候，它们所运载的部队就可以按照估计的数目获得军需品。事实上，每一辆卡车都装载着数目相当的物品，而一辆卡车的物品刚好供一个部队使用。一些卡车涉水驶到舰只旁边，然后运载着物品回去。这些卡车依次排好队，将一些重要的物品放在最上面，相对不那么重要的就放在下面。在面对敌人的炮弹时，只有按照上面的装载方法，我们才能实施这些特殊的军事行动。每艘登陆舰的状态及其准备工作都不一样，但是每一艘登陆舰对于战争都具有决定性意义。这一点与"将时间浪费在谈判上"一点儿关系也没有，与"外交部因担心各种军事条款而阻挠将军们的行动"也没有任何关系。在实施军事行动的过程中，我们没有丝毫懈怠，其他的一切工作也都与主战线的军事运输保持一致。

我听到民众谈论，将现代化部队随意送到岸边各处，好像把这些现代化的部队当作一包包的货物，将他们扔到沙滩上就不再过问。那时，我感到非常惊讶，民众对现代化战争的情况竟是知之甚少。

请允许我讲一个题外话，星期天早上我抵达英国的时候，在报纸上看到了这类批评，让我想起了一个水手的故事。我印象中好像是在普利茅斯，一个水手跳进码头，救了一个溺水的小男孩。大约过了一个星期，一个妇女找到了这个水手，问道："就是你那晚将我儿子从码头救起来的？"水手谦逊地

回答："是的，太太。"那个妇女说："啊！我一直在找你。我儿子的帽子在哪儿？"

*　　*　　*

第二种控诉与第二战场有关。

现在，我正尝试着和德国最高统帅部沟通，也正和下议院协商。此举既是为了误导德国最高统帅部，也是为了引导下议院统一战线。

　　我们一开始在非洲，接着在西西里岛，如今在意大利开辟战场，我们把这个战场称之为第三战场。第二战场虽未展开，但是它已经潜伏着，并快速聚集力量，我们的部队已经在这儿严阵以待了。没有人能判断这个战场什么时候会投入战斗，当然，我也不会给任何暗示。但是第二战场的确是存在的，并且敌人对此盘算已久。虽然第二战场尚未开辟，也未投入战斗，但这个时刻早晚会到来。在恰当的时刻，第二战场就会投入战斗，敌人将从西面和南面联合对我们进行大规模进攻。

　　如果人们不了解美国有多少部队驻扎在英国，不知道我们的远征军有多么强大，不清楚敌人在各个战场的部署情况；如果人们不能估算敌军的后备力量和军资，不了解敌军用欧洲宽阔的铁路系统，将大批部队从一个战场转移到另一个战场的能力；如果人们不了解我们的舰只以及各类登陆舰的情况和规模……那么就根本别指望他们能为这次作战行动提出任何有价值的意见了。

　　在处理这类事情的时候，在这个危急存亡的关头，我们要听取盟友和同盟国的一切建议，因为他们已全身心投入到赢取战争胜利的共同事业中，我们的目标一致。下议院应该很清楚，不管煽动的言论是多么的动听，或是出于舆论压力，抑或是出于好意，现届英王政府在这类问题上，绝不会因为任何无知的煽动而动摇或者屈服。我们对战争的形势已经做了更好的判断，所以我们不会为了谋求所谓政治上的一致或博得众人喝彩而违背我们所做的判断，被迫或被诱而发动大规模的作战行动。毫无疑问，对于大不列颠和美国而言，前方还有更为残酷的战斗。面对严峻的考验，下议院和政府都不会逃避退缩。为了共同的事业，我们甘愿牺牲一切。

我和罗斯福总统做过的最艰难的决定，莫过于与意大利相关的决定。正如读者已经了解到，我曾经极积主张与意大利国王和巴多格里奥元帅谈判，承认意大利是我们的盟友，并以诚相待。人们对这件事的关注度，一点儿也不亚于对一年前达尔朗海军上将事件的关注度。但是，我有更加充足的理由来解释这个问题。

意大利政府依然受到意大利民族的支持和拥护，那么我们可以花点时间来衡量和评估意大利政府的所作所为。毋庸置疑，希特勒认为意大利的所作所为极其不忠且卑鄙——对于这类问题，他判断得十分正确。其他人也许是这样想的：意大利的背信弃义和忘恩负义的行为，始于墨索里尼领导法西斯同盟。他为了物质利益，利用专权攻打风雨飘摇的法兰西。由此，墨索里尼成了大英帝国的敌人。而多年以来，大英帝国一直都很重视意大利的自由事业。对意大利而言，这的确是罪行。尽管这种罪行已经无法磨灭；尽管那些任由暴君破坏人民权利和自由的人民，必将为其暴君的罪行付出惨重的代价。但是在这个紧要的关头，我必须承认意大利的行为合乎自然规律和人性。但愿这是意大利一系列自我救赎行为的开始。

意大利人民已经饱受折磨。他们的同胞已经血洒非洲和苏联，他们的士兵被遗弃在战场上——他们的财富已经被挥

霍掉，他们的帝国已经陷入万劫不复的深渊。而如今，他们美丽的国土也必将成为德国后卫部队的战场。未来还有更大的灾难等着他们。在希特勒的狂怒和报复之下，意大利人民还将受到剥削和恐吓。但是，只要大英帝国和美国的军队进军意大利，意大利人民就得以从被奴役和劣化的国家中脱离，到那时候，意大利便可以恢复其在自由民主的现代化国家之林中的应有地位。

　　每当我谈论这个问题的时候，人们必定会质问我："你这种观点对德国人是不是也适用？"我回答："这个要区别对待。"在我们这辈人生活的时代，德国人就两次为了扩张疆土和侵略别国将世界卷入战争的旋涡中，要是算上我们的父辈，德国人就做过三次这样的事情了。德国人用极端的方式，将战士调教成奴隶。德国人非但践踏自己的自由，而且对他人的自由也憎恨至极。一旦他们变得强大起来，他们就要寻找猎物，并且以钢铁一般的纪律追随那个领导他们寻找猎物的人。德国的核心是普鲁士，那里是一再发生瘟疫的策源地。但是我们并不是要与这样的民族为敌，而是要与暴政为敌，我们要救亡图存。德意志民族蓄谋称霸世界，因此在这二十五年间，英、美、苏三国人民遭受了两次难以估算的损失、灾难以及流血战斗。这一次，我们必须要推翻普鲁士政权，或者是破坏德国蓄谋已久的报复和计划。纳粹暴政和普鲁士军国主义是德国人生活中的两大元素，这是我们必须要摧毁的。如果欧洲和全世界想要避免第三次更为激烈的世界大战，那么就必须将纳粹暴政和普鲁士军国主义两大基本元素连根拔起。

　　伯克曾经说："我不知道如何起草一份控诉整个民族的起诉书。"他的这句话引起了很多争议，这些争议无非就是伯克说的是否正确。然而，在我看来，这些争议是没有实际价值的空谈。让我们向纳粹暴政和普鲁士军国主义开火——这二

者才是我们明显且实际的目标。让我们瞄准每一支枪，让我们集结每一个愿意攻打纳粹暴政和普鲁士军国主义的青年。我们不必增加我们的任务或者增加士兵的压力。原先那些纳粹的附属国，或许是被唆使或被威压而犯下了战争罪。如果这些国家有助于缩短战争的期限，那么我们将允许他们将功补过。但是纳粹暴政和普鲁士军国主义是我们梦魇的孪生根源，我们必须将这二者铲除。为了实现这个目标，我们在所不惜；即便是赴汤蹈火，我们也在所不辞。如今我已步入晚年，在国际事务上也有一定的影响，我想说明一点：我不会让战事没有必要的延长，就算是延长一天我也不愿意；我也希望，当英国人民受到胜利的召唤而共同承担起重塑世界未来的重任时，我们也要像面对危急存亡时一样沉着镇定。

我认为这一次在我的演说中，有必要给民众发出一个严峻且确切的警告——敌军即将使用无人机或者导弹向我们发动进攻。在事情尚未发生之前，公开警示民众一直都是慎重的做法。尤其在我们无法预知这种攻击的规模和威力的时候，我们更要如此。

但在任何情况下，我们都绝不能因为形势有利而松懈，也绝不能有这些存念——危险即将消除或者战争即将结束。相反地，我们必须要明白：那些被我们打得落花流水的凶残敌人，会以更加丧心病狂的方式报复我们。以希特勒为首的德国领导人，在演讲的时候故弄玄虚，暗示近期他们将使用新的方式和武器对付我们。为了助长其人民的士气，敌人散布这样的谣言当然是再正常不过的事情，实际上敌人的阴谋恐怕不止如此。就比如说，我们已经遇到了一种新型的空投炸弹。敌人已经开始用这种炸弹攻击我方即将靠岸的舰只。这种炸弹可以说是一种由火箭助力的滑翔弹，它从非常高的地方开始发射，然后由母机导向目标。德国人现在或许正在研发其他新式武器，企图向我们施以重创，在某种程度上，他们也是为了弥补每天从我方遭受的大量损伤。我只能向下议院保证，我们将在力所能及的范围内继续对敌人保持警戒，并对上述问题进行深刻研究。

＊　　＊　　＊

对于意大利如今的政局，以及在意大利这个不幸的国家正展开内战的残酷现实，我想简明扼要地谈谈我的看法。

　　墨索里尼被伞兵救出以后就逃往德国，并且企图建立一个吉斯林式的政府。墨索里尼企图通过这样的政府，同时依靠德国的武力，将法西斯的枷锁重新套在意大利人民的脖子上。如此一来，意大利必然爆发内战。为了共同的利益，也是为了意大利的利益，我们必须要将意大利的残存国民力量集结于意大利的合法政府之下。不管自由主义者和左翼分子是阻止法西斯和吉斯林结合，还是创造条件将这股邪恶的结合势力驱逐出意大利的疆土，或者是就地消灭这股势力，我们都要引导这些自由主义者和左翼分子支持意大利国王和巴多格里奥元帅。我们很快就可以拯救并解放意大利了。（这时有一位议员打断我的讲话："你想让意大利人民起来抗战，但他们不能在那些变节者的旗帜下抗战。"）我想，这位尊贵的议员还没有充分考虑到减轻我们士兵负担的重要性……政府当然想要制定这样的政策，即动员一切力量反抗德国，并将德国侵略者从意大利的疆土驱逐出去。就算我们在这个问题上不能取得完全一致的意见，我们也会无所畏惧、刻不容缓地实施。英国议会的原则不是全体一致；民主国家的议会也不是按照全体一致的原则行事的。他们采取的是多数人同意的原则，这才是他们的行事方式。我十分明确地表示，我们

要努力在意大利集结最强大的力量，反抗墨索里尼、吉斯林以及法西斯党徒这三者的结合。

我最后说的那些话或许有一些粗鲁，但是我所讲的句句是真。

想要灵活处理这件事，最好的办法莫过于准备三四个备选方案，并将种种细节落实，以此应对可能发生的意外事件。这样一来，从一个方案转换到另一个方案，以及应对可能发生的意外事件就容易多了。

这些论证说服了下议院，而且他们也想不出有力的质疑之词了。

*   *   *

在我发表长篇演讲当天，我和同僚们意外遭受了沉重的打击——我们的财政大臣突然去世了。22日清晨醒来的时候，我才听到这个噩耗。这些年来，金斯利·伍德已经成了我的密友。自他1938年调至空军部起，我们就一直并肩作战，我全力支持他的工作。众所周知，1940年，在英国皇家空军应对重大考验的准备工作中，他做出了巨大贡献。自从我受命组建联合政府以来，他就一直担任财政大臣，政绩斐然。他所做的第三次国家财政预算，金额高达五十七亿五千万英镑，严格遵照战时的财政原则，实现了收支平衡。这一半的财政收入来自税收。我们的借款利息极低，不再沿袭第一次世界大战使用的口号"抵押加百分之六的利息"。在战争的第五个年头，我们以百分之二的平均利率成功地借到了巨款。以战前水平作为对照，国民生活成本增长率一直维持在百分之三十以下。金斯利·伍德在去世前都一直在思考"量入为出"的原则。就连他去世的那天，他还希望就这一问题向下议院发表讲话。1940年，我曾请求他制订严密的保险方案，为那些在闪电战中失去家园和谋生能力的人民提供赔偿。他很快就完成了此事，效率极高。在下议院开会前，我花了几个小时为他撰写追悼词，以此悼念他的功勋。如今，这篇悼念词已经载入记录中。

我认为约翰·安德森是接任财政大臣一职的最佳人选。当时，约翰·安德森爵士担任枢密院长一职，是最重要的内阁委员会主席，也是"合金管"①的首席代表。他曾任税务委员会主席，并且担任内政大臣十年之久。但是他那广博的见识并不是在这些部门任职的时候获得的。在爱尔兰冲突中，他虽身处险境，但仍然泰然处之。即便是身为孟加拉总督时，有人意欲谋杀他，他还是那么镇定自若。他心智敏锐，信念强韧，意志坚定，并且担任过不同的职务，积累了长期的经验。约翰·安德森于9月24日宣布就职。

*　　*　　*

在归国的航行中，除了在甲板上的几次闲聊外，我极少见到达德利·庞德爵士，因为他常常待在自己的舱房里。在乘火车回伦敦的途中，他递给我一封信，正式提出辞去他作为第一海务大臣的职务。当他在华盛顿病情加重的时候，我就让他卸下此项重担了。关于庞德的继任者人选问题，我们还需要慎重考虑。海军上将安德鲁·坎宁安爵士是第一大臣亚历山大先生推荐的，他在地中海大大小小的战役中获得了大满贯，声名远播。由此可见，安德鲁·坎宁安海军上将的确是一个不错的选择。但是，如今战事不断发展，各种军事行动的规模也不断扩大。在这种情况下，安德鲁·坎宁安海军上将可以抽身离开战场吗？而弗雷泽海军上将时任本土舰队的总司令，对于海军部的行政事务和参谋事务都有较久的工作经验，也是一个声名远播的海军部官员。他是我第一个抛出橄榄枝的人。弗雷泽海军上将说，不管他被遣往何处，他都自当服从，但是他认为安德鲁·坎宁安海军上将才是最适合的人选。他说："我认为我在自己的舰队中有威望，但是坎宁安的

---

① 原子弹研究和发展中心。

威望却远播整个海军。"他请求我三思。我回复他，他的态度非常正确。经过再三思考和多方商讨，我采纳了他的意见，并决定郑重考虑更换地中海作战指挥官这一严肃的问题。随即，安德鲁·坎宁安海军上将继任第一海务大臣。而他的副司令官约翰·坎宁安海军上将则接替了他原先的职务。10月4日，我向公众和海军部宣布这一人事变动。当时公众和海军部并不知晓庞德的病情。当天，我给庞德写了一封信，内容如下：

> 由于您的身体原因，您不得不辞去这个职务，无法再与我在这场战争中并肩作战，对此，我深表遗憾。没有人比我更了解您所做的贡献。您在海军部和参谋委员会任职期间，为我们国家的安全和军队的胜利都做出了巨大的贡献。对于海战的各个方面，您足智多谋；在面对危险和困境时，您坚韧刚毅。若不是您足智多谋、勇于冒险，我们根本不可能取得战争的胜利。以上这些品质，使您担任第一海务大臣时，在皇家海军的历史上留下了不可磨灭的功勋。
>
> 此时此刻，您让我们真正获得了地中海的控制权，意大利舰队也在马耳他港宣布投降，更重要的是，我们削弱了德国潜艇对我们的威胁。这是我们在战争中第一次最大程度削弱德国潜艇的威胁。这些成果对于您的祖国来说具有不可估量的价值；而您为这些成果所做出的努力，将为您的姓氏增添光辉。

仅仅辞去第一海务大臣一职后两个星期，庞德就逝世了。经历了第二次更加严重的中风后，他就彻底瘫痪了。上一回我见到他的时候，虽然他的精神依然如从前般矍铄，但是他已经不能讲话，身体也几乎无法动弹。当我摇摇他的手向他道别时，他竟以一种出乎意料的力量紧握住我的手。无论是在海军部还是在参谋委员会，他都是我忠实的

战友。庞德逝世于 10 月 21 日，那天正是"特拉法尔加纪念日"①。

弗雷泽海军上将回到了斯卡帕湾，他的舰队就停泊在那里。今年年末，在一次正面作战中，弗雷泽海军上将派出自己的旗舰，击沉了德国的"沙恩霍斯特"号，取得了卓越的战功。这一战功在海军历史上具有极高的荣誉且意义深远。后来，我在伦敦遇到他。看到他，我想起了著名的诗句：

> 我们的岛国动乱不安，
>
> 忠于职守的人，
>
> 最后都获得了荣誉，
>
> 这样的故事不止一两个。

听到这些诗，弗雷泽海军上将似乎更加开心了。我猜想，他之前也许从未听过这句诗。我倒是希望他以为我是有意创作这首诗的。

*　　　*　　　*

写到这里，我还没有详细叙述我与美国和葡萄牙之间那份篇幅很长的函电。在这份函电中，我们一致认为派遣英美海军部队和空军部队是攻下亚速尔群岛的制胜法宝，就此，我们达成了一项协议。一切问题都得到了圆满的解决。于是，在 10 月 21 日，我向议会汇报了这项协定的结果。"我向下议院宣布一项通告，"我说，"这项通告源于 1373 年英王爱德华三世陛下和葡萄牙国王费迪南暨王后埃莉诺签订的一项条约。"我用平稳的语气说话，并且停顿了一下，以便下议院议员们听到 1373 年这个日期。大家都在聚精会神地听我讲话，安静得仿佛能听见喘息声。我认为，过去不曾有，未来也不会再有人在英国外

---

① 特拉法尔加纪念日是为了纪念 1805 年 10 月 21 日英国皇家海军在特拉法尔加战役中取得的胜利。该战役是由霍雷肖·纳尔逊海军上将指挥的。——译者注

交的日常事务中，公开阐明英国和葡萄牙之间存在着这种持续不断的关系。

我接着说：

该条款通过 1386 年、1643 年、1654 年、1660 年、1661 年、1703 年以及 1815 年各种形式的条约加以完善，并于 1899 年秘密宣言。而后，这些旧条约的效力又经与葡萄牙于 1904 年和 1914 年缔结的"仲裁条约"得以承认。1373 年条约的第一则条款内容如下：

"首先我们制定条款并缔结盟约，从今以后……我们之间就存在着真诚、信赖、坚定、互惠、持久的友谊，联合、同盟、真挚的感情；作为真诚和互相信赖的朋友，从今往后，我们要互惠互助，视对方之友为友，视对方之敌为敌；在海陆方面互相帮助、维系以及支援，共同对抗所有的敌人。"

如今，两国已经遵守这项条约近六百年，这在世界历史上是绝无仅有的。现在，我必须宣布这项条约最近的实施情况。第二次世界大战伊始，葡萄牙政府为了避免战火蔓延至伊比利亚半岛，在取得英王陛下政府的完全同意后，便采取了中立政策。葡萄牙政府曾反复声明，萨拉查博士在 4 月 27 日的演讲中也强调，葡萄牙采取中立政策丝毫不会侵害英葡两国联盟的利益。葡萄牙政府在战争初期也重申了这项条约。

如今，英王陛下政府遵照这项古老的条约，要求葡萄牙政府在亚速尔群岛提供某些便利，以便为途经大西洋的商船提供更全面的保护。葡萄牙同意了这个要求，并且两国政府也做好了措施，使各项安排都可立即得以落实：1. 英王陛下政府可以利用以上便利；2. 英国将为葡萄牙武装部队提供必要的物资和供应品，并且帮助稳定葡萄牙的国民经济。关于在亚速尔群岛使用装备这一协定只是临时的，我们绝不侵犯葡萄牙政府对其领土的主权。

＊　　＊　　＊

次日，我还须就采煤业局势向下议院发表长篇演讲。煤矿的供应至关重要，战斗部队对人员的需求增加，导致采煤人员减少。煤矿国有化过程中也存在着潜在的威胁（煤矿国有化问题是各个政党之间尚未解决的问题）。这些问题严重影响了采矿业的发展。关于煤矿业国有化这个问题，谣传四起，而我只关心维系国家团结的问题。

假如我在演讲之初，便指明下议院目前的讨论是基于一般原则的，那么下议院会更容易理解我演讲的内容。我们拥有一个国家联合政府。它将团结一切力量，将我们的国家从荒芜、阴暗的困境中解救出来。实际上，这种困境是由各派政党长期有所作为或者无所作为造成的。由于我置身事外十一年了，对于这个问题，我看得比较透彻。战争的爆发，将我们联系到了一起。无论是社会主义者、自由主义者还是工党人士，我们都绝对不会要求他放弃原先的信仰。因为那样的做法是卑鄙的，也是不合适的。我们是由一些外在事物联系在一起的，而这些外在事物吸引着我们的全部注意力。我们坚持的原则是："只要能赢得战争的胜利，我们就不管它是否有争议；不是战争真正需要的，我们就无须争议。"这是我们的立场。我们还要警惕，切勿让民众以战争为借口，间接对社会和政治的发展产生深远的影响。以煤矿业国有化问题为例，我绝不会被那些言论吓倒。上一场战争结束以后，我就提议将铁路国有化，但是我得说，战后实施国有控股铁路的确让我心有余悸。国有控股铁路计划实施后，公众没有得到好的服务，而投资者也没有得到丰厚的利润，还引发了一场最严重、最危险的罢工运动。罢工运动是我一直都很关心的问题。所以，我认为只要能为民众提供合理的赔偿，他们就会接受国有化的原则。大家争论的问题不是道德层面的，而是我们实行国有化是否比依靠私人企业和个人竞争更容易为整个国家创造繁荣的经济。煤矿业国有化会引发很多分歧，并且将煤矿业国有化是一个庞大的工程。如果不举行一次大选，让煤矿业国有化的提议取得下议院的批准、民众的信任以及相关大臣的认可，并证明其是我们赢得战争的唯一途径，那么我们实行煤矿业国有化的政策就会师出无名。

然而，目前要举行大选非常困难。我曾听闻，也深切体会到了煤矿工人的焦虑所在。因为他们不知道战后自己将何去何从，也不知道煤矿业将如何发展。将采矿作为一种谋生手段的煤矿工人们，在经历了上一场战争后，他们的生活就过得十分艰难，很长一段时间都在黑暗中挣扎。我了解那种焦虑。我们躺在床上就可以清醒地设想到战后自己遭遇的梦魇。每个人对将来的日子都有自己的困惑和焦虑。但是，我是一个乐观主义者，并不认为和平时期的状况会和战时的状况一样糟糕，同时我认为我们不会让问题变得糟糕。上一场战争结束后，我开始担任首相。那时候，几乎每个人都表现得很糟糕，我们的国家曾一度失控。吸取了上一场战争的经验，我们在现在这场战争中获益良多。正是吸取了上一场战争的经验，我们使战争朝着好的方向发展。我们也要充分吸取上一段和平时期发生的事情所带来的惨重教训。我这样说，并不是在影射当时的政府，而是要吸取当时的政府以极大的代价换来的经验，我们将使得从战争到和平的过渡比之前更有秩序、更有纪律。

但是，煤矿工人担心自己的命运。英王陛下政府向煤矿工人做出保证：当前的管理系统以及为这个管理系统所做的一切改革将延续到战后，直到议会决定煤矿业未来的产业结构。这就意味着，要么各大党派协商达成一致，要么举行大选，让民众自由选择政治纲领和政治领导。但无论如何选择，

在那之前煤矿产业的现行结构都不会发生任何质的变化，也不会取消任何保障，包括：继续就业、工资和最低利润等。我非常期待我们可以为此共同努力。

这个声明缓和了当时的紧张气氛。今日，我重温这个声明，我感到非常高兴。

*　　*　　*

最后，在10月28日，还要考虑重建下议院大厦的问题。我这一生中，大部分时间都在下议院大厦中度过。不幸的是，一枚炸弹将下议院大厦炸成了一片废墟。我决定在战争条件允许的情况下，尽早重建下议院大厦。目前，我还是有权力做一些永久性决议的。在同僚（大部分都是上一任议员）的支持下，以及在艾德礼先生的真诚协助下，我希望重新修订或将长期影响英国下议院的建筑外观的两项原则。第一点是下议院大厦的外观应是长方形的而非半圆形的；第二点是下议院大厦要容纳三分之二议员的席位。长期以来，外国人一直对此深感诧异，因此，我在这里陈述一下：

下议院大厦的外观有两大特点。这两个特点需要得到议员们的认可和支持。下议院议员们善于思考问题，经验丰富。下议院大厦外观的第一个特点是：其形状应是长方形的而非半圆形的。这是我们政治生活的一个潜在因素。半圆形的会场很吸引政治理论家。这样的会场使得每一个议员或者是每一组议员都能围绕着会议中心移动。他们可以依据会场的气氛采取不同的态度。我坚定地拥护政党制而非社团制。我曾经看到过很多重要的议会都葬送在社团制的手中。政党制度更适合方形的会场结构。这样的会场结构方便议员越过那些相同等级的议员，从左边移到右边讨论问题，但是议员们要踏上阶梯越级讨论，就要谨慎思考是否该如此做了。我很清楚这个问题，因为我也做过两次那样的事。与习惯相比，逻辑更容易误导人。按照逻辑的要求，很多国家的议会会场是半圆形的。这样的会场不仅可以为议员提供座椅，通常还会为议员们提供桌子，桌面可供议员们敲打。然而，这样的逻辑对英国议会政府——议会制的故乡和发源地，却是一个致命伤。

下议院建筑的第二个特点是：不应太宽敞。下议院不必同时容纳所有的议员，因为这样会过于拥挤。我们不可能为每一个议员保留一个单独的席位。不懂内情的外行人一直不明白我们为何这样做，新议员对此也十分好奇，甚至批评这样的做法。然而，假如您从实用的角度思考，这也就不难理解了。假如议院建筑大到可以容纳所有的议员，人们会觉得绝大部分的议会会议都是在几乎空旷或者半空的会议室里举行的，这无疑会让人感到压抑。下议院演讲的要诀在于将演讲处理成会话的风格，这样可以方便议员们随时打断演讲，进行随意的交谈和互动。我们很多协议都是在会话风格的演讲中达成的，所以在主席台上长篇大论的演讲不能代替会话风格的演讲。但是，会话风格的演讲需要在相对狭小的空间中进行，需要的是一种拥挤和压迫的感觉。也就是说，下议院议员们需要有一种重视的感觉，并意识到正在讨论的问题是相当重要的。

无论如何，这个问题已经如我所愿，得到了圆满解决。

*　　　*　　　*

在那一段忙碌的时期，我想，既然我们的战争胜利在望，我们就应该思考一下胜利之际我们将会面临的问题。针对一些迫在眉睫的问题，我给同僚写了两份备忘录，以这两份备忘录作为本章的结尾。

战争时期—过渡时期—和平时期
首相兼国防大臣的备忘录

1. 针对战争结束之后我们将面临的问题，英王陛下政府有责任为此做好准备。这些紧急的问题如下：

（1）制订合理的复员计划，同时必须考虑在敌占区驻兵的大量需求。

（2）为本岛居民提供的定量粮食要超过战时的标准。

（3）恢复出口贸易，允许商船通航。

（4）将大部分战时工业生产模式转变成和平时期生产模式；同时，最重要的是，在过渡时期，为健康状况允许的人，尤其是退伍军人，提供就业机会。

解决粮食问题和就业问题是我们的战后最高目标。不管这些决定是否涉及立法或者是否会引起争议，我们现在就必须立刻就这两个问题做出相关决定。

2. 针对这些问题，相关部门和委员会已经做了许多工作。我们必须要警惕，不要让这些紧急的实际工作被政党政治所掩盖，也不要因那些无休止的讨论（比如，关于建立世界新秩序的长期计划）而推迟。

3. 实际上有三个时期，即：

（1）战争时期。

（2）过渡时期。

（3）和平时期。

现任政府和议会完全有权利为过渡时期做好万全的准备。如果我们在这个问题上失职，就要为此负主要责任。我们必须要在过渡时期（那时我们将做好万全的准备）举行一次大选，如此一来，选举人就可以针对战后阶段和过渡阶段后期的社会建设建言献策。

4. 组成联合政府的各党派是否会根据一致的纲领举行大选? 本届下议院的多数党领袖是否会先于选举者提出自己的纲领? 对于这些，我们无从得知。不管是什么情况，在过渡时期，除了必须采取大量的行政手段，我们还有可能实施一个"四年计划"。这个"四年计划"包含着一系列关于发展和改革的重大决定，将从方方面面塑造战后时期和过渡时期后的社会。因此，本届议院还有很多工作要做。

5. 与此同时，我们还要颁布很多重要的政策，例如教育政策、社会保障政策以及重建破败民居和城市的相关政策。在这些问题上，我们基本上取得了一致意见。如今是战争时期，但是我们仍要高度重视这些准备工作。凡是有必要的草案，我们都要给予通过，这样就可以在过渡时期的初期将这些法案付诸行动。

6. 我们无法预料，对德战争结束后，对日战争会再持续多久。或许将战胜德国后的两年时间，或者将自 1944 年 1 月 1 日起以后的四年时间定为过渡时期，在此基础上展开工作会比较稳妥。

1943 年 10 月 19 日

＊　　　＊　　　＊

一个月以后，我决定任命一位建设大臣。建设大臣的办公室将会是过渡时期各项计划的中心。伍尔顿勋爵是粮食部的领导，在任期间，他获得了广泛的认可和民众的信任。似乎无论从哪方面来说，他都具备了协调和推动相关部门工作的能力和经验。11 月 12 日，伍尔顿勋爵就任建设大臣。

附　录

首相的个人备忘录以及电报

1943 年 6 月

首相致军事运输大臣和第一海务大臣：

请你立即将经过地中海的各种运输船只、货运的种类，以及英国红十字会运往苏联的货物清单递交于我。我将不胜感激。

请你今后也向我递交这些清单。

1943 年 6 月 6 日

首相致空军大臣和国内安全大臣：

近来，我们袭击了德国的莫内水坝，我们正采取何种措施防止我们的水库遭到德军的反击？请你就该问题向我作一份报告。

1943 年 6 月 8 日

首相致彻韦尔勋爵：

关于战后民航问题

——一份简要备注

1. 基于"公正严明"原则，我对战后民航问题展开设想。世界性的航空港应向所有国家（有罪国家除外）开放。这些国家只需支付足额的机场保养费和服务费，即可使用这些世界性的航空港。但是我们要申明：任何国家都无权在他国领土经营国有或私有航空公司。如果世界性的航空港经营情况尚佳，任何国家都不应向这些航空港提供津贴。如果这些航空港的经营状况不佳，需使用这些航空港的国家应按照先前有关国家协定的金额，对航空港给予必要资助。其中一部分国家的资助金可以根据航空邮政合同而定。任何一个国有企业或者私有企业只要服从以上原则，即可自由开展世界性航空业务。

2. 根据大家的建议，我们应该在战后建立一个维护和平的世界性组织。该组织必须协调因民航问题产生的各方空中力量。世界委员会中的小组委员会或者各大洲的小组委员会（如果有这种组织的话）可以调解争端，并且监督或控制准军事力量的发展及其活动。如果各国都能遵守以上原则，那它们就会得到鼓励，并根据自己的能力为世界人民提供安全、舒适、迅速的优质服务。

3. 现阶段，我们难以在自治领①之间达成一致。但经过商量，他们不会阻挠我们制定英国法律。同时，我们还要了解美国的意图，此事至关重要且迫在眉睫。如果我们能与美国达成一致，那一切就好办了……

1943 年 6 月 10 日

首相致莫顿少校：

我听说有些单位向我们申请，要求允许那些被俘的敌方高级将领参观我们的一些教育中心，并带他们去全国各地参观。这是真的吗？有人提议，我们应该带（意大利的）杰西将军参观伊顿公学。我反对任何类似的提议。没有我的允许，任何人都不得将这些将领带离拘留所。

1943 年 6 月 11 日

---

① 自治领是英国殖民地制度下一个特殊的国家体制，是殖民地迈向独立的最后一步。——译者注

首相致爱德华·布里奇斯爵士：

1. 请你代我草拟一份通知，提醒所有大臣、高级官员及议会私人秘书等，在与外国（中立国）外交代表交谈时，切记谨慎行事，保持沉默。尽管这些人平常十分友好，也衷心祝愿我们赢得战争胜利，可是一旦有任何风吹草动，他们便会毫不犹豫地向自己的政府报告，毕竟这样可以提高他们在政府当中的地位。而他们的国家就会将这些情报卖给敌国，以换取其他的利益条款。因此，只有那些负责发布消息并有权发布消息（包括普通消息和特殊消息）的相关人员，才能与外交代表当面讨论战争事宜。

2. 所有相关人员都不应对报纸上的一般战争问题和战争新闻加以讨论。因为这些外国人在与掌握内部情况的相关人员接触后，就能证实报纸上所登载的消息是否属实。我们还要求相关人员不得与此类外交人员私下共进午餐和晚餐。他们遇到特殊情况应向你请示。在此，你有权向相关人员发出指示：尽量避免与外国人密切接触。

1943 年 6 月 13 日

首相致海军大臣：

坎宁安海军上将向我表达了自己的想法。他认为如果摩托鱼雷艇的引擎发挥稳定，我们的轻型海军船艇将能在地中海战区获得更多战绩。请你就这一问题向我做出汇报，同时我希望你能告诉我：这些舰艇的保养工作是否存在相关的局部性问题？还是因为在设计方面存在着基本漏洞？

1943 年 6 月 13 日

首相致外交大臣和新闻大臣：

关于德军在突尼斯战场上的部队士气，我已经阅读过相关报告。这篇报告似乎在极力鼓吹德军的战斗力。该报告虽然使用了类似"野蛮"这类字眼，但是人们依然觉得德军非常可怕。报告中还提到德军"异常笨拙"，但这绝对不是说他们在使用武器或者掌握战略机会方面

"异常笨拙"。

1943 年 6 月 13 日

首相致伊斯梅将军和爱德华·布里奇斯爵士：

请你通知大家，在所有英国的官方文件中使用以下术语：

对于"aeroplane"，应使用"aircraft"，对于"aerodrome"，应使用"airfield"或者"airport"。我们还要避免使用"airdrome"一词。

应规范使用语言，并严格遵守这些规范。这样做对我们大有裨益。

1943 年 6 月 15 日

首相致飞机生产大臣（斯塔福德·克里普斯爵士）：

得知你的计划正顺利进行，我感到非常欣慰。你对于浮夸之害的见解，非常中肯。如果不能兑现诺言，不仅会对你的工厂造成影响，还会浪费空军部在训练和建设方面的人力物力。

现在，我对你们的劳动力情况还不是很清楚。我注意到你们现在支配的劳动力少于原来分配的量。这难道是因为你们在制订计划时减少了所需劳动力？还是因为你们的效率之高超乎你的想象，能够完成生产计划？由于目前劳动力紧张，请你务必仔细考虑这些问题。不过从目前来看，你们部门分配到的劳动力确实少于其他部门。

你认为你在名单上列出的飞机应享有优先待遇，对此，我表示赞同。你说得非常有道理：任何有助于我们提前完成计划的办法，都会对我们生产这类飞机大有帮助。

得知你正大力推进那些新型飞机的制造，我感到非常欣慰。那天你向我展示了喷气推进飞机的模型。我看过以后就特别有兴趣。请你随时向我汇报制造喷气推进飞机的进展情况，且让我知道这些飞机何时能够投入战斗。

1943 年 6 月 15 日

首相致军事情报局局长：

对于西西里岛的兵力，你目前最精准的估算是多少？第一，关于德军的兵力：我们知道德军正编的那一师的具体兵力。这个师的人数不足七千。那里还有多少零散部队（包括空军地勤人员）？目前有多少支增援部队已经抵达那里或者正在途中？第二，请你向我递交一份关于意大利部署在西西里岛的部队分析报告。之前我们听闻意大利在海岸部署了八十四个营，但是也听到有人说意大利在那里部署了七八个师。这些部队是怎么部署的？班泰雷利亚岛上的一万五千名意大利士兵以及兰佩杜塞岛上的四五千名士兵毫无反抗便投降，这可以轻易看出意大利人的秉性。

1943 年 6 月 15 日

首相致空军参谋长：

部署在埃及的空军规模的确庞大。请你告诉我，在今后几个月里，这些空军将如何投入作战？他们目前似乎都无所作为。增援土耳其的计划进展如何？从埃及等地调往西西里支援的空军占多少比例？我们绝不允许任何空军部门无所事事。

1943 年 6 月 16 日

首相致伊斯梅将军：

我强烈建议：我们应该效仿上次战争，向士兵分发负伤袖章。请你让三军部门（陆军部门）思考这一问题。我将于周一向国王请示。我们之前肯定也考虑过该问题。请你为我准备相关材料。这个问题不能再拖了，因为美军正为自己的士兵分发"紫心章"，而我们的士兵却因没有负伤袖章而感到沮丧不安。

第二个问题是向在海外服役的士兵分发臂章一事。我认为，那些士兵会因收到臂章而倍受鼓舞。

1943 年 6 月 17 日

首相致伊斯梅将军，转参谋长委员会：

1. 我特别关注西西里作战的诱敌计划，因此我昨天晚上找人要了一份专项报告。几乎所有报纸都聚焦于西西里，从诸多机关刊物上刊登的地图和漫画来看，我们的作战计划无异于昭告天下（我想美国也面临着同样的情况）。

2. 目前确保计划安全的办法是：宣布多个作战目标，使敌人真假难辨。今天早上似乎有些报纸就作了有用的说明，表明我们有足够的兵力同时攻打数个目标。我们要强调这一点。布雷肯今天下午将会见新闻代表。另外，我们是不是应该强调一下希腊当前的局势？

1943 年 6 月 17 日

首相致伊斯梅将军，转参谋长委员会：

我们为何不能从斐济岛突击队中抽出一部分兵力，以配合缅甸或其他地方的作战？

1943 年 6 月 18 日

首相致空军参谋长：

我很清楚，开通途经卡萨布兰卡新航线以及地中海新航线，将会减轻塔科拉迪航线的压力。如今，我们的确该考虑精简塔科拉迪航线人员的问题。针对这一问题，我希望能得到你的意见。

1943 年 6 月 19 日

首相致印度事务大臣：

副首相曾提出应增加印度军队的军饷。我非常同意他的提议。我认为可减少印度部队百分之二十五的人数，从而将节省下来的军饷分给其余士兵。

1943 年 6 月 20 日

首相致枢密院院长：

请你指示工程和建筑大臣行使权力强制征收土地，为（农业生产劳工）建造三千座房舍。你必须要求他们严格执行建设计划，将这项工作当作修建飞机场和战时工厂一样来完成，并且尽可能将这些房舍与战争需求结合起来。如果将建造房舍放在首要地位，你认为可行吗？由于全国各地方政府不具备必要的强制权力，如果我们在全国推动房舍建设工程，那些地方政府就要为了建造这批小房子与所有涉及作战活动的部门进行不必要的文书来往，这样一来就必然耗费大量精力。大家似乎为此困惑不已，而且为了这件小事，我们的声誉大打折扣。总之，我的想法是：要么干起来，要么就别干。

1943 年 6 月 20 日

首相致雅各布旅长：

请你列表说明的黎波里的海岸防卫设施情况，并将战前我们对这些设施的预估与现实状况作比较。战争不断向前发展。我们在这个过程中经常接触的黎波里的防卫设备，所以我们对这些设备的情况比较了解。但如今我们要攻打一些我们未曾了解的新据点，那我们战前所做的那些夸大的预估可能会对我们造成不利影响。而我要查证的就是这一点。

1943 年 6 月 22 日

首相致帝国总参谋长：

大家对增加步兵营枪支比例一事有何看法？之前大家同意增加三十六支，但是我认为增加七十二支比较好。

1943 年 6 月 25 日

首相致陆军大臣：

听说一大批零点三英寸口径的子弹有望于 7 月底交货。对此，我感到非常欣慰。考虑到这一点以及我们现有的子弹储备量，我们可以

给国民自卫军分发额外的弹药，并让他们立即使用这些弹药进行训练。如此一来，我们就可以充分利用今年夏季余下的时间。

1943 年 6 月 26 日

首相致参谋长委员会：

5 月份，我们将陆军以及皇家空军的车辆运往北非以外的战场。我注意到一点：这批车辆中有百分之九十五都装了箱。这一成果令人十分满意，而且对我们的战争大有帮助。

我相信你们在其他战场也会有同样杰出的表现。我们现在能真正做到节约的办法就是：尽量争取每个月让更多的设备厂进行生产。

1943 年 6 月 30 日

首相致生产大臣和贸易大臣：

我依然很担心皮革的供应情况。如果我们新发行的配给供应开始生效，商店也不再出现抢购现象，你们是否满意这种状态？你们是否有办法缓解皮鞋修理工匮乏的状况？

我们是否可以从军队调拨皮鞋或者皮革，缓和民用方面的紧张状态？我留意到，二百五十万陆军人员的皮鞋库存量比一千四百万平民的存货量还多。

你是否有任何长期计划？我们是否可与美国人一同拟订今后（例如十二个月）皮鞋和皮革的世界供应计划？

1943 年 6 月 30 日

首相致帝国总参谋长：

据我了解，如果我们要在今年冬季将英军的装备从北非运载回来，需要七十五艘货轮。这也许意味着，这次我们会将大部分车辆运载回来。

由于我们仍要运载大量车辆前往北非，因此我们可以要求调回的部队留下他们的车辆，而英国本土的部队就可以使用新车辆。这样一来，我们不就可以避免往返运载的麻烦了吗？

1943 年 6 月 30 日

1943 年 7 月

首相致伊斯梅将军，转参谋长委员会：

1. 北非各司令部笼罩着负面情绪，且这种情况似乎比过去任何时候都更为严重。规划参谋处的人员研究各种可能出现的情况也无可厚非，所幸的是我们目前面临的人事情况还算简单。

2. 我们必须要先打响由亚历山大和蒙哥马利指挥的战役。假设一切顺利进行或我们一败涂地，我们就会清楚下一步该怎么走。如果不这样做，我们就无法攻下西西里，更别说下一步打算了。

3. 我们不能让美国方面阻碍我们调用我们自己的强大军队。美国军事参谋人员似乎不想攻占西西里岛，而倾向攻占撒丁岛（的计划）。我们必须要让美国人下定决心，不允许他们有软弱的表现。我坚信，三军参谋长将联合参谋长委员会，要求美国人不要抱有逃避、软弱的态度。

4. 总的来说，只要我们摸清西西里的情况，便要保存所有实力以判断形势和发动战争。

5. 今天下午三点，我希望能与你一同讨论这个问题。我不满意大家现在的态度。因此，我们必须对其态度进行指导，使他们更加坚强。

1943 年 7 月 2 日

首相致彻韦尔勋爵：

人力问题

请你根据"人力"这个主题，将主要部门分为七八个栏——陆军、海军、空军、飞机生产部等。这些部门原先有多少人？在 1 月的总结会议上，这些部门要求分配多少人员？这些部门是否已分配到人员？他们现在有多少人？现在他们是否还提出增加人员的请求？

只有看了这份表格，我才能继续开展工作。

请你于今晚将表交给我。

1943 年 7 月 3 日

首相致枢密院院长和爱德华·布里奇斯爵士：

关于为农业生产劳工建造房舍一事，目前进展如何？谁来主管这一工程？什么时候开始建造？工程与建筑大臣告诉我，关于建造房舍的大小事宜均由他负责。情况是否属实？

1943 年 7 月 3 日

首相致枢密院院长：

去年 12 月，我拟了一份关于短期疾患人数增加的备忘录，想必你还记得。我在政府保险统计师所制的统计表上看到了这个数字。

短期疾患人数仍在不断增加，这让我极其不安。因为这表明因病缺勤的人数实际上已经占我们劳动力总数的一小半。这同样会对战争产生影响，如果大部分的人只是厌战而不是真正生病，后果将不堪设想。

1943 年 7 月 5 日

首相致空军大臣和空军参谋长：

目前敌机的轰炸力度已经减弱。关于使用夜工建造工厂一事，我们应重新考虑灯火管制问题。

为加快飞机制造的速度和节约劳动力，我们很有必要解决灯火管制问题，从而使夜工的工作进度不受影响。

我希望空军部作出承诺，保证不阻碍这类生产活动。

1943 年 7 月 5 日

首相致陆军大臣：

我了解到你们对生橡胶的需求量比 1942 年低，且陆军在节约主要原材料方面做得很好。对此,我感到非常欣慰。而且今年陆军的车辆也会增多,因此你们的成绩非常喜人。

1943 年 7 月 5 日

首相致经济作战大臣:

对于法国的形势,我与你们看法不一。你们的结论太宽泛,你们不应该从太狭隘的观点出发。若是(法国)解放委员会表现良好,足以取得英美两国政府的信任,那我们完全可以将为法国抵抗运动提供资金的职责移交给该委员会。我们需要同法国解放委员会进行交涉,而不是同戴高乐将军。我们现在要努力团结集体力量,而不是个人力量,而且还要尽可能提高文职人员的影响力。

1943 年 7 月 5 日

首相致爱德华·布里奇斯爵士:

1. 我对基础英语的问题非常感兴趣。广泛推广基础英语对我们有颇多好处。这种好处比吞并几个大省的影响更加持久、深远。推广基础英语并使之成为英语国家的有力工具,也符合我与美国建立密切联系的想法。

2. 我希望内阁大臣可以成立一个专门委员会研究这一问题。我计划明天向战时内阁提出这个想法。如果大臣们积极响应,我会就如何有效开展工作提出自己的意见。新闻大臣、殖民地事务大臣、教育大臣,或代表外交部的劳先生似乎都适合主管基础英语的推广工作。

3. 我提议,英国广播公司应将每日教授英语当作他们宣传工作的一部分,并大力推广这种交流思想的办法。

4. 请你告诉我,你对组建这个委员会有何看法,并将这个议题列入明天的议程。

1943 年 7 月 11 日

首相致外交大臣：

1. 关于彼得国王的结婚事宜，我们应坚持最初的原则。整个欧洲有尚武的传统，倾向于采取"战争婚礼"。也就是说，年轻的国王与一位身份和地位相称的公主结婚，最自然且最合适的时机莫过于在出征前夕举行婚礼。这样一来，国王就可使其王朝经久不衰，且无论如何，国王还可以实现就连最卑贱的人也有权利实现的本能。

2. 我们还知道有些故事与之相反，不过我认为这些故事并不是出自尚武民族。这些故事向我们透露了塞尔维亚人的原则，即任何人都不得在战争时期结婚。从表面看来，该原则似乎容许了婚外恋。此外，还有一群被驱逐出南斯拉夫的大臣们，他们为了争夺流亡政府中有名无实的官职，互相排挤。一部分大臣认为可以在战争时期结婚，另一些大臣则反对；国王和公主则坚决同意结婚。我认为在这场争论中，他们二人的意见才真正需要得到尊重。

3. 外交部应摒弃十八世纪的政治模式，采纳简单直接的意见。我们可以告知国王和他的大臣：我们认为应该举行婚礼；如果国王不会辜负这个岌岌可危的王位，我们或许可以把剩下的权力都移交给他。

4. 我还想补充一句：为了实现以上原则，我计划在大不列颠的下议院或者是美利坚的任意民主平台采取行动；我认为战时内阁应有机会表达自己的想法。我们可以回到路易十四那一典雅的时代中去，但是不能陷入二十世纪的肮脏和贫困的生活中。我们为之奋斗的不正是自由和民主吗？如果你希望我会见国王，我会建议国王去附近的登记处登记结婚，这有何不可？

1943 年 7 月 11 日

首相致空军大臣和空军参谋长：

为澳大利亚提供飞机

1. 我们应参加澳大利亚和太平洋的保卫战争，这对英联邦和大英帝国的未来极为重要。从这个角度看，我们派出的那个皇家空军中队所发挥的作用，比整个战斗单位所发挥的作用还要大。澳大利亚一共派遣了八千一百名飞行员到英国，其中还包括了他们最优秀的飞行员；澳大利亚还在帝国空军训练计划中立下了汗马功劳。由此可见，我们在空军方面的确欠了澳大利亚很大的人情。

2. 这不仅是关于"喷火"式战斗机或者其他战斗机的问题，还是英国空军中队是否完全忠心于皇室的问题。因此，我打算在今年派遣三个"喷火"式战斗机中队前往澳大利亚，并说服美国方面将那些原本拨给澳大利亚的飞机拨给我们。毋庸置疑，我可以向罗斯福总统很好地解释这一切。但是，你要注意，我的想法是派遣一个英国空军部队将飞机运往澳大利亚，而不是让澳大利亚的飞行员驾驶我们的飞机前往澳大利亚。我上次回国时发现，你们的战斗机驾驶员的人数比实际服役的飞机所需的驾驶员人数还多九百四十五人。因此，在我看来，如果我从这些驾驶员中抽出四五十人应该问题不大。在澳洲大陆上有六百万人与我们同宗同源、语言相同，因此，保持祖国与澳洲大陆的良好关系，是我的职责所在。

3. 希望你能对此提出自己的意见和建议。

（即日办理）

1943 年 7 月 12 日

首相致伊斯梅将军，转参谋长委员会：

1. 我们现在应将波兰军队从波斯调往地中海战场。从政治角度出发，这一做法非常可取。波兰军队愿意参战，因为他们一旦加入战斗，就不会对自己国家的灾难耿耿于怀。我们的目的是将该部队用于意大利作战，所以我们要将整个波兰军团从波斯调往塞得港和亚历山大港。

2. 我们还有五个月的时间动用一切力量对战意大利。请你列出一份清单，清单内容是关于英国管辖的（盟国）可用军队。这些军队必须是目前尚未参与西西里战役且能参与作战行动的军队。

1943 年 7 月 13 日

首相致第一海务大臣：

1. 看到"约克公爵夫人"运输船队受损的消息，我大为震惊。大约十天前，地中海总司令曾发来一份警报，这份警报曾提醒我们要警惕这条航线上"让人备受折磨的"（我记得他用的是这个词）空袭。该航线正是靠近西班牙领空的那条航线。你能将这份警报复制一份给我吗？如今，我们的月度记录表上记满了作战伤亡人数，大型舰只报损数量也与日俱增，这让我愁上加愁。请你告诉我，我们将来要采取何种措施避免这种空袭。当然，我们务必要命令舰队远离"福克乌尔夫"式轰炸机的射程范围。

2. 我看到了"费里港"号在圣文森特角以西遭到敌机袭击的消息。这架敌机是从哪里来的？"费里港"号当时距离港口有多远？如果敌机能追到这艘战舰，为什么直布罗陀的空军却不能保护它？

1943 年 7 月 13 日

首相致爱德华·布里奇斯爵士：

最近，由于公共关系官员方面丑闻诸多，需对整个单位都进行彻底清查并大力整顿。你认为应该从何下手？请告诉我你的想法。在我看来，我们应该成立一个小型内阁委员会，并授权其着手处理该问题。

（即日办理）

1943 年 7 月 14 日

首相致陆军大臣和帝国总参谋长：

1. 我们的第一装甲师素质极高，作战经验丰富，多年来一直为备战进行着艰苦的训练。但是，我从帝国总参谋长那里得知，第一装甲师如今正被用来看守战俘。听到这一消息，我忧心不已。如果让第一装甲师看守战俘是一种紧急措施（例如为期一个月），这还尚能接受。但是如今我们必须停止这种做法。我们应从英国本土或尼罗河三角洲调遣一些步枪队伍前去北非看守战俘。这些步枪部队必须不在师级编制内，且人数至少要有一万人。莱瑟斯勋爵应将运送这些部队前往北非看守战俘视为首要任务。

2. 请务必尽快安排第一装甲师及其车辆重新对接，并充分发挥其作用。请你及时安排必要的训练，恢复其作战效率。请拟好计划书和训练时间表，并交给我。据我所知，帝国总参谋长已经向艾森豪威尔将军发出抗议。请准确地告诉我事情的来龙去脉。

3. 其他部队是否也存在这样的问题？请你列出一份清单，说明（1）派驻在非洲西北部、中东的各师以及独立旅的情况；（2）各部队的现状以及各自承担的任务。南非师的状况如何？第二〇一警卫旅的状态如何？第七装甲师部署在哪里？第四英印师部署在哪里？新西兰师是否按计划进军？安排波兰师进军叙利亚相关事宜进展如何？这些师是否组织完整且装备充足？

1943 年 7 月 16 日

首相致空军参谋长：

我依然不理解，为什么（战斗机指挥部）需要安排两千九百四十六名机组人员配备一千七百三十二架飞机，也就是说，实际上共配备了一千九百六十六架初步组编的飞机。

你看一下轰炸机指挥部的数据，这与战斗机指挥部的数据有所出入。轰炸机指挥部所承担的任务，比战斗机指挥部的任务更为繁重。但是轰炸机指挥部却只为其初步组编的那一千零七十二架飞机配备一千三百五十三名机组人员，只为参与行动的一千零三十九架飞机配备一千零九十五名机组人员。

作战指挥部遭受的损失无法与轰炸机指挥部相提并论，但作战指挥部机组人员却大为过剩。那岂不是很快就会出现地勤人员过剩的情况了？

1943 年 7 月 16 日

首相致枢密院院长：

我曾承诺温特顿勋爵，我会给他写信，与他深入探讨为农业劳工

建造房舍的问题。但我现在觉得，我需要更为全面地向其说明该问题，因为这一切恐怕不是一封信就能解释清楚的。因此，要是你能亲自与温特顿勋爵面谈，那就再好不过了。

（即日办理）

1943 年 7 月 17 日

首相致帝国总参谋长：

1. 我于星期六视察了多佛尔的驻军，我对他们的实力感到担忧。多佛尔驻军只有一个营，另一个营驻扎在圣玛格丽特湾。数小时后，便有一个旅的军队前来增援这两个营。当然，在这两个营的根据地后方，还驻扎着许多军队。

2. 在这种情况下，敌人肯定无法入侵。但我曾问过斯韦恩将军：如果某天晚上，三四千名纳粹冲锋队员（类似我们的突击队）横渡海峡，直逼我们的根据地，我们该如何应对？当时，他未能给我一个安心的答复。他说，他们的确可以登陆，但是很快会被我们击退。他还强调，一旦敌军登陆，我们很快就会收到警报。但是仅仅这样还不够。敌人距离多佛尔如此之近，而我们最快也只能在敌人行动前的半小时收到雷达信号。我认为，德国人不见得敢于一试。但是一旦敌人占领多佛尔大部分地区，即便是占领这些地区三四个小时，对他们来说也是莫大的收获。如果真的发生这样的事情，在公众舆论方面就会产生负面影响，后果可能会比"沙恩霍斯特"号和"格奈森诺"号事件①所造成的影响严重十倍。

3. 即便是在类似多佛尔这样的海岸要塞，我也坚决反对将太多军队拴在那里。但我们似乎走向了另外一个极端，导致自己处境尴尬，这简直是自取其辱。在我看来，我们至少还要派一个旅的士兵驻守在多佛尔的沿海工事和重点要塞。一旦敌军尝试登陆，我们便可立即采取行动。如果这些珍贵的大炮被敌人炸毁，那我们简直愚蠢至极。

---

① 这两艘战舰曾击沉英国航母，因此造成英国国内舆论哗然。——译者注

请你再次研究此事。

1943 年 7 月 19 日

首相致陆军大臣及新闻大臣：

1. 虽然我们在处理军人转业问题时会遇到一些疑难案例，但我们绝对不能破坏规矩或者放松条件。如果某些军人的转业有利于公务，相关大臣有自由裁量权，也就是说，如果有些高级人员对战争的贡献大于对民政的贡献，那么我们就应该对他们给予特别对待。相关大臣在行使自由裁量权的时候，必须要考虑到这一点：只有极少数陆军会参与实际作战行动，因此在大多数情况下，文官转陆军职务，也只不过是从一个非作战职务转到另一个非作战职务而已。

2. 相关大臣的职责是：私下安排和处理相关事宜，避免各部门之间因小事而互相敌对，或是出现需要我亲自出面解决问题的局面。

1943 年 7 月 19 日

首相致新闻大臣：

1. 昨日，我重温了那两部有关美国陆军的影片——《分化与征服》和《不列颠战役》。这是我目前在国内看到的最好的宣传片。此外，这两部影片告诉观众 1940 年所发生的事情，而这些事情大多鲜为人知，抑或渐渐被人遗忘。我认为，我们要在全国各地放映这两部电影。在我国电影院放映这两部影片有何难处？你大概会和影院负责人谈什么条件？如果有人要垄断电影行业并且拒绝放映这两部影片，你一定要立即向我汇报。如有必要，我将诉诸法律。

2. 其他四部影片如今在何处？我确定有人提过其中两部影片的名字。我希望能够观看这些影片。为什么拖了这么久还没有上映？是否有电影公司从中作梗？请你就这两部影片向我提交一份报告，并告诉我是何人何事阻挠它们上映。

3. 你也知道，我想发表一个简短的讲话，一来是为了向民众介绍《分化与征服》以及《不列颠战役》这两部影片，二来是为了赞扬美国人的态度。但是我更想看到另外那两部影片。我对这件事非常感兴趣，希望你尽快处理。

1943 年 7 月 19 日

首相致空军参谋长：

我打算批准石油大臣的提议。你也知道，我特别重视建造一个适应雾天条件且容量充足的飞机场。我希望这件事情能尽快办妥。

1943 年 7 月 21 日

首相致海军大臣：

在 4 月 30 日的前三个月里，（海军航空部队）四万五千名官兵中（其中军官有四千多名），只有三十名官兵战死、失踪或者是被俘。这是一件引人深思的事情。当然，我很庆幸他们没有遭受巨大损失。但这一事实也证明他们与敌人交锋甚少，因此引发了我们对海军航空部队规模问题的思考。既然海军航空部队向我们提出了如此庞大的人员和设备要求，我们就不得不考察该部队在实际对抗敌人时所发挥的作用，尽管这项工作吃力不讨好。我也知道，海军航空部队没有太多机会与敌人交战，因此错不在他们，也许我上面所提的那段时间只是一个例外。但是，就实际与敌人交锋的情况而言，我们不能让这么多作战能力突出的高级人员无所事事。

请你仔细斟酌此事。近期我还会过问此事。

1943 年 7 月 23 日

首相致伊斯梅将军，转参谋长委员会：

1. 现在，请你看看为何我军在（缅甸战场上）遇到的困难越来越多；而为了这些零星的战果，我们耗费了多么庞大的兵力。这个战场上的司令官似乎都在争相夸大各自的资源需求以及需要克服的困难。

2. 种种迹象表明，我们需要选定一个司令官决定战场上的一切事宜。我现在仍然认为，我们选定的司令官应当是一个意志力坚定且训

练有素的军人，除此之外，这个司令官还应当正值壮年，并且具备在这个战场作战的最新经验。我认为，奥利维尔·利斯将军是最佳人选。西西里的战役一结束，我便召他回国商议此事。我认为应当由温盖特在缅甸指挥军队作战。他天赋异禀、胆识过人，大家都知道他非比寻常。"缅甸的克莱夫"这个名号已经传开了。目前，印度前线战斗力不足、组织松散。在这种混乱的局面下，温盖特凭借自己的魄力和成就，无疑会在缅甸崭露头角。我们绝不能让资历问题阻碍一个真正的人物在战争中取得他应有的地位。他也应当尽早回国商议就职问题。

1943 年 7 月 24 日

首相致伊斯梅将军，转参谋长委员会：

请你查看有关我国公民在苏联北部饱受欺凌的电报。处理这种事情的唯一办法是：我们不向苏联当局打招呼，假装将前期在苏联紧锣密鼓地做准备工作的人员尽数撤离。当地的苏联人一看到我们撤离人员，便会向莫斯科报告。苏联当局就会清醒地意识到：我们撤离人员意味着我们结束了北极运输船队的工作。唯有此举才能让他们醒悟。如果这样做不足以让他们醒悟，我们最好尽快撤离，反正这只会引起一些小摩擦，对我们并无多大影响。我的经验告诉我，和苏维埃人民争吵是没有好处的。我们只需要让他们看清新形势，再看他们有何反应。

1943 年 7 月 25 日

首相致帝国总参谋长：

感谢你重新审查多佛尔驻军的兵力。我之前没有将你所提及的重要部队考虑在内。你是否确定所有部队（尤其是皇家海军和空军）均能在接到通知的最短的时间内组织起来？因为我们可以肯定一点：敌人只能在夜间袭击我军。

我想象到的画面是：两千多名冲锋队员乘着摩托快艇飞渡海峡，对我军进行打砸抢式的袭击。如果你确信我们不会遇到这种危险，且

敌人无法攀爬悬崖，我们也已在着陆点以及防御要点部署充足的守军，
那我就放心了。①

1943 年 7 月 25 日

首相致伊斯梅将军，转参谋长委员会：

1. 目前关键且紧急的事情是：我们要任命一名正值壮年、具有丰
富作战经验的军人担任（缅甸战场的）最高指挥官，而且我们需要他
重新审视缅甸战场存在的作战问题，以便为作战行动增添活力，鼓舞
士兵斗志。

2. 我知道，参谋长委员会已充分意识到，眼下从地中海战场抽走
宝贵的人力物力进攻阿恰布港的这一做法有多么愚蠢。对于整个战场
而言，阿恰布港只不过是一个弹丸之地，微不足道，而且敌人正将这
个港口打造成直布罗陀那样的要塞，以便能增援整整一个师的日军。
为了这一微不足道的战果，我们取消了进攻仰光的计划，如此一来，
我们要在 1944 年一整年占用派驻在孟加拉湾所有的两栖作战部队，即
便是进军向兰里岛的计划，也要推迟至 1944 年雨季。我们国家拥有势
不可挡的海军和空军，却采用这种方法作战，这难道不是愚蠢之举吗？
我也不打算为这种浪费精力，尤其是浪费时间的做法负责。

3. 1944 年我军正确的作战方针应如下：

（1）对中国给予最大力度的空军援助，完善航空路线并且保护
机场。

（2）随地展开类似温盖特将军在阿萨姆地区所进行的战斗，给日
军沉重打击。

（3）在战斗不受雨季影响且海军能充分发挥其威力的地区，广泛
开展两栖作战行动，即"第二安纳吉姆"作战计划。当前，参谋长委
员会成员应集中精力，刻不容缓地对这一问题进行深入细致的研究。

4. 在魁北克会议召开之前，我们必须将这个议题提交至国防委员

---

① 参阅 7 月 19 日致帝国总参谋长的备忘录。

会，以便大致明确国防委员会的意见。

1943 年 7 月 26 日

首相致贸易大臣：

据我所知，虽然目前我们已从民用储备量中抽调一部分纸牌，供应给部队和产业工人，但仍然供不应求。有时候部队会有闲暇时间，且在荒无人烟的地区长时间待命也觉得百无聊赖；有时候水手要在军舰上连续待上几个月。因此，我们为这些部队和水手提供纸牌一点也不为过。而且纸牌是最方便耐用的娱乐用品。

请你就这一主题写一份报告，并在报告中说明你打算如何解决纸牌不足的问题。制造十几万副纸牌所耗费的资源不过是九牛一毛。

1943 年 7 月 26 日

首相致陆军大臣（已阅）及帝国总参谋长：

1. 我不想给艾森豪威尔发送私人电报，同他谈论第一装甲师事宜，因为我不想让他觉得是你们敦促我这样做的。但是，如果你们要迅速采取行动，我同意以私人名义向艾森豪威尔将军发电报。因为第一装甲师作战能力强，我决定给该部队配备最精良的装备，使其具有最高的作战效率。如果我们要迅速占领意大利，尤其是如果要将我们的前线延伸至意大利北部和波河流域，我们就更加需要这支部队。

2. 因此，请你们告知艾森豪威尔将军，我尤为关切此事。同时，你们还要尽快与他达成一致。

3. 请你们向我提交一份重新配置第一装甲师的计划书。我们要将第一装甲师全方位训练至适战状态。据此，请每两周向我报告训练过程。

1943 年 7 月 26 日

首相致农业大臣：

请你就草料和谷物的收获情况，向我提交一份简短的报告。我将感激不尽。

1943 年 7 月 30 日

首相致普赖斯上校：

我认为我们不能假定 1948 年为抗日结束的时间。我们可以在魁北克会议上或者是前去魁北克参会的路上讨论该问题。显然，我们在做任何决定之前，都要考虑海军部的长期作战计划。

1943 年 7 月 31 日

首相致飞机生产大臣：

你认为我们近期能制造出喷气式飞机的机会非常渺茫。对此，我感到非常担忧。我曾听说，制造飞机的力量非常分散，即使是原本没有任何制造难题的飞机外壳，也难以如期完成生产计划。

检验一下那些正在研究当中的各种引擎，并且集中力量生产两三种（型号）我们能迅速投入生产的引擎，如此岂不是更好？德国也正在生产喷气式飞机。我们搜集到很多相关情报，因此，我们绝不能落后于它。

1943 年 7 月 31 日